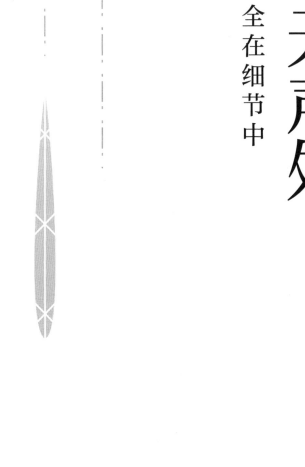

于无声处

教育全在细节中

龚德辉 主编

上海教育出版社
SHANGHAI EDUCATIONAL
PUBLISHING HOUSE

编辑委员会

在教育的静谧深处，探寻全人教育的密钥
（代序）

深夜打开这本书，细细品读教育者的心得，各种思绪涌上我的心头。在当今这个快节奏、高压力的时代，教育领域似乎也难以摆脱功利化倾向的侵扰。成绩与排名成为衡量学生成功与否的单一标尺，而学生的兴趣、情感、创造力乃至身心健康，却在不经意间被边缘化。我们不禁要问，教育的本质究竟是什么？是冷冰冰的数据堆砌，还是温暖的灵魂触碰？是急功近利的短期收益，还是影响深远的全面成长？

正是在这样的背景下，《于无声处——教育全在细节中》这本书显得弥足珍贵。它如同一股清流，缓缓淌过教育这片亟待滋养的土地，为我们展示了上海华旭双语学校在育人方面的独特成果与深刻洞见。本书不仅是对华旭双语学校教育理念与实践的一次全面梳理，更是对当前教育现状的一次深刻反思与积极回应。

"于无声处听惊雷"，鲁迅先生的这句诗句是本书书名的灵感所在。它寓意着教育最深刻的变革往往发生在那些看似平凡无奇的日常细节之中，正是这些不为人注意的"无声之处"，孕育着学生成长的无限可能与惊人蜕变。华旭双语学校正是通过这样一种细致入微、润物无声的方式，将全人教育的理念渗透于校园生活的每一个角落，让每个学生都能在爱与关怀的滋养下，自然而然地成长为更好的自己。

本书聚焦于上海华旭双语学校，一所深谙教育真谛、勇于探索创新的学府。在这里，教育不仅仅是教室里的讲授，更是贯穿于校园生活每一个角落、每一项活动

中的全人教育理念实践。从"联动协同"的国际化标准学院制管理模式，到"育人有方"的新时代班主任工作新路径，华旭双语学校以其独特的视角和深邃的思考，向我们展示了如何在全球化与本土化的双重语境下，构建一个既开放包容又严谨有序的教育环境。

本书开篇即触及教育管理的核心，探讨如何通过构建国际化标准与学院制管理模式，实现教育资源的高效整合与优化配置。在这一部分，我们不仅看到制度的创新与实践，更感受到教育理念的开放与包容，华旭双语学校用自己的教育实践告诉我们，教育的力量在于联动，在于跨越国界、融合文化的智慧碰撞，共同为学生的全面发展铺设坚实的基石。在《华旭双语学校学院制管理体系的起源和发展》《学院制日常运行和管理模式探究》等文章中，读者能了解到华旭双语学校在学院制中的具体实施，如何借鉴国际先进教育理念，构建高效、有序且充满人文关怀的学院管理体系，为学生营造了一个既具挑战性又充满支持的成长环境。

第二部分聚焦于新时代班主任的角色转变与职责拓展，展现了在信息化、多元化背景下，班主任如何以更加细腻、创新的方式，成为学生心灵的引路人、成长的同行者。这不仅是对传统教育方法的继承与发展，更是对新时代教育精神的深刻诠释。《帮助低年级学生培养规则意识》《让花成花，让树成树，让孩子成为他自己》等文章，展现了班主任如何以爱为舟，以智慧为帆，引领学生在规则与自由之间找到平衡，促进学生品德与行为的双重提升。

第三至第五部分，更是将全人教育的理念推向深入。《天生我材，打造共融校园》等文章强调了教育的包容性与多元性，让每个学生都能在华旭双语学校找到属于自己的舞台。《用爱治愈青少年的"空心病"的实例分析》展现了教育者如何用爱点亮学生心灵的灯塔，引导他们走出迷茫，拥抱阳光。《家校连心，共情共育共成长》则通过家校共育等实践，探索了家校社合作的无限可能，共同为孩子的健康成长撑起一片蓝天。

值得一提的是，书中不仅用一个个鲜明的案例探讨了育人工作中的创新实践，给同类学校以参考，更深入探讨了非智力因素对学生成长的重要性。在《让爱呵护"蓝玫瑰"》《融合教育背景下特殊儿童随班就读质量提升策略研究》等文章中，我们能感受到学校对每个学生的关注和爱，是对学校倡导的"爱的教育"最生动的诠释。

超越功利，回归教育本真。华旭双语学校坚信，真正的教育不应仅仅局限于知识的传授与分数的追逐，而应着眼于学生的全面发展与终身幸福。在这里，"全人教育"理念被赋予了生动的实践意义。它强调在尊重学生个性差异的基础上，通过细致入微的关怀与引导，促进学生德智体美劳全面发展，让每个学生都能在最适合自己的道路上绽放光彩。

细节之处见真章。从"联动协同"的国际化管理模式，到"育人有方"的新时代班主任工作路径；从"包容接纳"的全员全程全面发展共融校园，到"以爱育心"的优质、融合、多元、关爱的教育场；再到"赋能共育"的校家社协同共育新生态，本书的每个板块都如同一个个精心雕琢的窗口，展现了华旭双语学校在教育细节上的极致追求与不懈努力。这些看似微不足道的细节，实则蕴含着推动学生健康成长、全面发展的巨大能量。

爱的教育，共筑未来。本书贯穿始终的是教师对学生深沉而细腻的爱。华旭双语学校坚信，"爱是教育的灵魂"，只有以爱为基，方能培养出既有知识又有温度、既能做事又具品德的新时代青年。教师用自己的言行举止，诠释着爱的力量，为学生撑起了一片成长的蓝天。

《于无声处——教育全在细节中》不仅是一本关于教育实践与探索的书籍，更是一本启迪人心、引人深思的教育哲学著作。它让我们看到，在教育的静谧深处，有着无数关于成长、爱、未来的故事正在悄然发生。愿这本书能够成为一盏明灯，照亮更多教育工作者前行的道路，引领我们共同迈向一个更加美好、更加人性化的教育未来。

龚德辉

2024 年 9 月

目　录　CONTENTS

赋能共育　走向校家社协同

联动协同

创新学院制管理

在当今教育体系中，不断探索与创新是推动学校发展的核心动力之一。传统教育模式往往以班级为单位，以课程设置和教学计划为中心，忽视了学生的个体差异和特长培养。而学院制的提出，则更好地满足了学生个性化发展的需求。通过将学生划分为不同的学院，打破了班级与班级、年级与年级，甚至学部与学部的界限，为学生提供了更加丰富多样的学习机会和发展平台。学院制不仅能够激发学生的学习兴趣，更能够培养其领导力、团队合作能力以及自我管理能力，从而实现学生全面发展的目标。

上海华旭双语学校（以下简称"华旭双语"）作为一所十二年一贯制学校，引入学院制管理，不仅是一项创新举措，更是对教育本质的深度思考与实践。本板块介绍华旭双语学院制的设立背景、运作模式及其对学生发展的影响，并用不同学部学院制的实践案例，探讨学院制在教育领域的意义与价值。

华旭双语四大学院，以在艺术、体育、文学、科学界卓越的四位大师命名，并以其首字母组合而成 R-O-S-E（玫瑰），凸显了华旭双语以爱为特色的校园文化。四大学院分别是任伯年学院、奥尼尔学院、莎士比亚学院、爱因斯坦学院。学院制体系是学校社区的一个组成部分，它涵盖所有学生和教职员工。每位学生和教职员工在加入华旭双语时会同时加入一个学院。学院制拥有完整的体系，包括管理架构、学院的预算制度、学院的领导和学院分数体系。每个学院设置学院院长，由具有领导力的教师担任。每个学院还设有两名学生队长，负责学院内的活动和学生事务。高中部学生设计了学院的 Logo、院旗，选择了学院院歌、颜色，制作了学院徽章、领带等文化衍生品，打造了一整套学院文化体系。

华旭双语的学院体系是学校学生成长教育体系中的重要组成部分，它与学生的学业学习和成就挂钩，涵盖了学生校园生活的方方面面，包括自主学习活动和宿舍生活等。四大学院的创设旨在让学生在关爱的教育环境中，能够发扬自己的特长，发展不同的兴趣爱好，找到志同道合的伙伴。学校以四大学院为载体，以各类活动为媒介，以学生为核心，发展学生自我管理的能力和影响他人的领导力。

华旭双语学院制的运作模式体现了以学生为核心的教育理念。通过学院制，学校的教育管理更加细化和专业化。每个学院设有专门的教师团队和管理人员，负责制订和实施针对该学院特色的教育计划和活动。学生在入学时可以选择加入自己喜欢的学院，并在整个学习过程中与该学院建立紧密联系。学院制强调学生的自主发展和自我管理能力的培养，同时注重团队合作和领导力的培养，通过各类活动和项目，让学生在实践中成长。

学院制为学生提供了更加丰富多彩的发展机会。通过参与不同学院的活动和项目，学生可以发掘自己的兴趣爱好，拓宽视野，培养领导力和团队合作精神。学院制还为学生提供了更加个性化的学习支持和指导，使他们在学习中能够更加有效地实现自我提升和成长。

几年来，华旭双语学院制得到了蓬勃发展。学生和教师对学院制管理的反馈普遍积极，认为其为学生的发展提供了良好的平台和支持。同时，我们也正在继续探索学院制如何与原有育人体系融合，如何更好地将学院制融入课程，以及如何进一步完善学院制的运作机制和管理体系，为学生的全面发展提供更加有力的支持和保障。

华旭双语学院制的实施，是对传统教育模式的一次有益探索与创新。学院制为学生提供了更加多元化和个性化的发展平台，促进了其全面发展和成长。通过持续的研究和实践，相信学院制将为教育领域的发展带来更多的启示和借鉴，让学生的未来之路拥有更多的可能性。

华旭双语学校学院制管理体系的起源和发展

黄雪锋

摘　要： 学院制管理体系是华旭双语学校学生管理的一种创新，通过将学生分为科学、人文、体育和艺术四个学院，打通学部、年级、班级的界限，实现全员育人。本文主要介绍了学院制管理体系的由来、管理设计以及实施效果。为同类型学校在学生管理工作方面提供新思路和实际参考。

关键词： 学院制　发展　管理设计

一、华旭双语学院制管理体系发展概述

学院制起源于欧洲，主要是英国的英格兰地区。欧洲中世纪时的一些学校要求学生住在特定的住所，慢慢地这样的住所被学校所拥有，并由学校指派的院长进行管理。随着英国教育系统的演变，这样的学生管理方式逐渐被一些新的学校所采纳，并成为学校管理的一部分（Dierenfield，1975，1976）。后来，由于学院制的积极影响，它被其他国家的教育界所认可，这种特殊的学生教育管理形式也渐渐被全球范围内的学校，尤其是国际学校广泛认可并采纳。

2017 年，当时立校不到两年的上海华旭双语学校（当时名为华东师范大学附属双语学校），在创校校长龚德辉女士的带领下开始初步尝试将全校师生分为科学、文学、体育和艺术四个学院，以体现学校对学生全面发展的追求。学校从 2019 年

5

开始正式启动学院制系统性的建设工作。在时任学校副校长及高中部校长的带领下，一批教师先行者率先对学院体系进行研究和建设。这批教师先行者在参考了国内外多所学校的学院制经验和有关学院制的学术文章之后，在高中部内率先建立了一个符合华旭双语文化特点的学院制管理系统。

这个初创的学院制管理体系体现了学校的价值观、精神和学习文化，包含了所有的学生和教职员工，成为学校社区的一个有机组成部分。学院制也发展成了学校学生成长指导课程的重要组成部分，它与学生的学业学习和成就挂钩，涵盖了学生校园生活的方方面面，包括自主学习活动和宿舍生活等。在华旭双语，学院制的最终目标是通过学院制、班主任制和宿舍部协同工作，打造强有力的学生成长指导课程，引导学生的学习和成长，激励学生，培养学生和教职员工的社区感、认同感和归属感。

在高中部率先建立的学院制管理系统是一个完整的体系，包括学院的管理架构、学院的预算制度、学院的领导和学院分数体系等。具体来讲，每个学院设置学院院长，由具有领导力的教师担任。从一开始，高中部就规定了学院的教师领导职务必须由至少一名外教担任，目的是更好地体现学校中西融合的教育特色，同时也能够为日后将学院体系建设成为与以中籍教师为主的班主任体系互补的学生教育体系奠定基础。每个学院还设有两名学生队长，一正一副，负责学院内的活动组织和学生事务。学校给予每个学院一定的年度预算，用于组织学院内和跨学院的各种活动。

经过第一年的尝试，高中部在 2020 年对学院制进行了升级改造。在基本体系保持不变的基础之上，明确了学院院长必须由外教担任的规定，以更好地在学校中体现中西文化的融合，学院也增加了学生级长，以更好地帮助学院院长和学院学生队长做好学生管理方面的工作。同时，高中部的学院制也改进了原有的学院分数系统，更加明确了月度和年度学院分数评比的细则等，以增强各学院学生的竞争和合作意识。

与此同时，在时任副校长的带领下，高中部逐渐将学院制建设的经验传递到学校的其他三个学部。小学部于 2020 学年开始建立学院分数系统，组织多项由学院院长发起的学生活动，并通过月度评比的形式，使得学院分数系统逐渐成为每一个小学生喜闻乐见的教育平台。初中部也在同一年逐步建立学院分数系统，并在学生活动中融入学院的组织形式。从 2020 学年第二学期开始，幼儿园也开始逐步推行学院制，将学院文化融入幼儿教育教学活动。

经过多年的实施，华旭双语学院制逐渐深入这所十二年一贯制国际化学校师生的内心，同时也形成一套基本行之有效的管理体系。在校级层面，学校执行校长和各学部校长亲自协调学院相关事务；在学部层面，由学院院长和月度执行院长组成的团队负责协调所有与学院相关的事务、会议和学生活动，同时负责学部学生成长和德育，校长助理也为学院建设提供指导。由于学院制从一开始就要求所有教师参与，因此在学院活动开展的过程中，承担各种教育教学职能的教师在这个平台上的互动和协作，大大增强了教师对学生的教育影响。所有这些尝试对学校深入探索和实施中西融合教育，尤其是学生成长教育的特色发展具有深远意义。

二、华旭双语学院制管理体系设计

华旭双语学院制是学校校本课程的重要组成部分，联系了学生的学业与学习成果，涵盖学生校园生活的诸多方面，包括自主学习和独立住宿。我们的愿景是学院制、德育体系、家校体系和宿舍部门协同工作，创建一个完善的华旭双语学生成长教育体系，指导学生的学习和成长，激励学生，培养师生们的归属感。学院制给学生提供了更多其他课程不能提供的机会，更好地培养、发展了其学习之外的能力，比如沟通能力和组织领导能力。

具体来讲，学院制给每个学院的学生提供学习、发展、社交及提高个人能力的机会，增强课堂内外或校内外取得的成就感、校内归属感，学院比拼中获得幸福感、快乐感与荣誉感，提供学院内与学院之间培养学生领导能力的机会、按照华旭双语学习者培养目标成长的机会。

四大学院分别是艺术学院（任伯年学院，灵感源于艺术精神）、体育学院（奥尼尔学院，灵感源于体育精神）、人文学院（莎士比亚学院，灵感源于文学精神）、科学学院（爱因斯坦学院，灵感源于科学精神）。四位大师名字的英文首字母分别是 R、O、S、E，它们正好组成学校校花玫瑰的英文单词 ROSE，而玫瑰代表的是学校对爱的教育的大力推崇。

四大学院院旗

四大学院院旗由高中部的师生在 2019 年集思广益共同完成。经过全校各个学部的推广和使用，这些代表各个学院精神的图案、文字和颜色现在已经成为学校文化的重要组成部分。

学生进入学校后会被分配至四个学院中的一个学院。每个学院中都有不同年级的学生。每个学院都会有一名在读学生成为学院队长。各个学部（幼儿园、小学部、初中部、高中部）的各个学院也会有一名副学院队长。学院队长和副队长均由各个学院内的学生自行选拔。

所有教职工也会被均分至各个学院。每个学院都有一位学院院长，且每个学部会有一位院长助理。学院院长由每个学部的教师担任。为了进一步发扬双语教育精神，学院院长和院长助理团队由外教担任或者至少由中外教师共同组成。各学部的四个学院也可以指定各自的学院院长。作为学院的领导者，学院院长与院长助理共同创建、发展、维护学院的文化。各个学院院长可以合作开展跨学部的活动和竞赛。学院院长还需制定和实施适龄的校本课程，如学部内活动和学院集会等。

每年四个学院共同持有一定的预算。一般情况下，此预算平均分配到每个学院。学院队长与各学部的副学院队长合作制订年度预算计划。经华旭双语执行校长批准后，每个学院可以在当年根据预算执行相关活动安排等计划。

每个月都有一位学院院长负责协调跨学院事务。月度责任学院院长的职责包括：与该学部其他学院院长沟通；与学部内其他负责人合作；联系各类资源，联系各项活动的组织团队；参加学院管理会议；收集学院活动的信息；与学部校长分析学院分数情况。

四位学院队长将在一年中作为其所在学院所有学生的代表，他们的名字将会张贴在学校显眼位置的学院展板上，记录在学校的历史中。四名副学生队长须与学院队长密切合作，计划和组织跨学部的活动和比赛。学院队长与副队长还与学院院长和院长助理合作，帮助组织学院集会、协调学院内部事宜、组织活动，并代表所在学院参加相关会议和学校集会。

各学部的院长或院长助理每个学年分情况选择四名学生担任该学院的学生级长，学生级长建议从每个学部的高年级学生中选出。作为学院模范学生的级长将协助学院院长和院长助理落实学校校服、教室和校园的整洁度、晚自习的相关规定；为需要帮助的学生提供学术支持；解决学生冲突。学生级长团队有权投票决定学院分的增减。

学生级长团队须与学院队长们合作管理学生公共活动室，并有活动室及内部设施的优先使用权。每月学生级长团队会与学院院长、德育负责教师和学部校长一起共进一次午餐或晚餐。

每月，各学院都会展开激烈竞争，并设法获取更多的学院分。每学期末，学部内会在学校集会上颁发各类学院奖项并授予适当的奖品。每个学年末的散学典礼上，学校会颁发校长学术奖和学院院长奖等大量奖项。学院集会定期公布该学院当期获得的学院分总分。学部内的集会也会每月公布月度学院分总分。各学院内部均会将每月的学院分张贴出来。每学年结束，各个学院会将该学年获得的学院分总分统一计算并公布给所有学生。

三、华旭双语学院制实施效果

华旭双语的学生非常认同学院制。每个学生都能对自己学院的标志、旗帜、学院特质等学院文化娓娓道来，部分学生甚至还能说出学院标志的设计理念。在谈到学院的特点时，学生都能描述出自己学院的与众不同之处，也对本学院的关爱、团结、积极向上的团队氛围称赞有加。学生在谈及为何喜欢自己学院时提到了一些共性的理由：

学院制提供了跨年级沟通的平台，使学生相处从班集体的局限中挣脱出来，给生生互动、师生互动创造了更多的可能。比如，有学生提到自己是一名新生，如果没有学院制，自己不可能被这么多的同学和老师所认识。还有一名学生提到，平时没有机会接触外教，现在因为是同一个学院的，所以很容易就认识了一些外教，并有了非常愉快的交流。

学院制提供了很多良性竞争机会，增强了学生的集体荣誉感。有学生提到自己

9

如何参与学院活动并为学院出力时，显露出满满的自豪感。也有学生提到虽然学院杯的比赛给大家带来不小的压力，但是同学们喜欢这样的竞争，在这样的竞争中也有不小的进步。

学院制培养了学生的领导力。在学院活动的组织过程中，不少学生参与其中献计献策，并且亲自参与活动的策划。尤其是高年级的学生提到策划组织活动的经历培养了他们的组织管理能力、沟通能力和责任感。学生也希望学院中有更加清晰的分工，能给他们提供更大的发展空间，希望自己在学院中能发挥更加重要的作用。

华旭双语的教师也感到自己与学生之间的沟通因为学院制变得更加自然和频繁。有不少教师提到自己对学生的指导已经从学科教学中跳脱出来，涉及学生心理的指导、生涯规划的指导、道德行为的指导等等。自己对于学生而言不仅仅是学科教师，更像是他们的人生导师。教师发现，通过学院的活动可以全面地了解学生，从而关注学生的全面成长，而不是仅仅局限于课堂教育，因此学院制为教师提供了一个与学校全人教育理念相符的学生成长教育平台。

教师还认为，学院分数的有效使用有利于引导学生在课堂内外的正向行为。通过学院分数的竞争，学生在考虑自己行为的时候增加了集体荣誉感这一维度，促进了他们自我约束能力的培养。小学部、初中部和高中部的教师都认可学院分数制度的作用，他们看到学生对学院分的重视，这对学生的日常行为规范以及学习习惯培养起到了一定的促进作用。

四、华旭双语学院制实施反思

学院制在上海华旭双语学校探索、建设和实施以来取得了丰硕的教育成果，在此过程中也积累了学校和学部层面的管理经验。学院制是在华旭双语自身的土壤中培植出的具有中国特色的中西融合的教育体系，是学校的一个文化和教育特色。华旭双语学院制的研究成果也得到了华东师范大学基础教育学科教研联盟的肯定，并在联盟内得到分享（黄雪锋、徐嘉乐等，2022）。

作为一所从幼儿园到高中部完整的国际化学校，华旭双语积极探索学院制在学校四个学部建设和协同发展的深远意义。在学校和学部领导的带领下，华旭双语的学院制管理体系确保在上层建筑方面保持一致，包括学院的宗旨、文化和管理架构。同时，我们也允许每个学部根据学生年龄和课程特点进行实施层面的创新。每个学部的学院制考虑了学生的年龄特点和学部管理特色，在实施的方式和过程中各有不同之处。比如小学部的学院分数采用有形的分数币的形式，既便于学生收集，也有利于学生对学院制有直接的感官认识，而高中部则使用比较抽象的学院分数系统。我们的实践表明，这种既保持总体一致性，又有一定灵活性的十二年一贯制学院体系的可行性，以及对学生成长教育的有效性。

学院制的实施为学校创新地把外教纳入学生成长教育系统提供了一个平台。在华旭双语，小学部和初中部因实施特色英语课程和英语小班教学需要配置一定数量的外籍教师，幼儿园和高中部更因实施国际课程而具有较高比例的外籍教师。通过学院平台，外籍教师走出语言或学术课堂，在学生课外活动的组织、学生行为规范的指导方面发挥作用，他们和中籍教师一起在学生集体归属感和荣誉感方面创造学生学习和成长的机会。同时，学生也有更多的机会在更加社会化的场景中使用英语与外籍教师进行沟通，促进英语学习。

上海华旭双语学校在学生成长指导系统、学术课程和校园文化三位一体的课程思想的指导之下，持续探索和实施基于国家课程的国际化的学生全人教育。体现了学校中西融合文化的学院制正是学生成长教育体系中的一个重要组成部分。它为学生更好地全面发展创造了一个整合这所国际化一贯制学校特色教育资源的创新成长平台，也不断为学生更好地学会做人、学会学习、学会做事并学会与他人相处提供和创造丰富多彩的有爱、有趣和有效的学习资源和机会。

学院制融入学生活动
——以华旭双语小学部为例

李炜佳

摘　要： 将学院制融入学生的日常行为中，融入他们的学习生活中，融入校园的每个角落中，从而使班级建制和学院建制这两条线合一形成小学部具有特色的学生活动课程。活动是养成教育的契机。依托活动，让养成教育在学生日常的学习生活中时时发生、处处发生，在不经意中养成良好的行为及学习习惯，并激发学生的集体荣誉感和归属感。

关键词： 学院制　活动　习惯养成　反思

　　学院制学生管理体系是华旭双语学校的一大学生管理创举，它将学生分为艺术学院、体育学院、人文学院、科学学院四个学院，每个学生挑选自己喜欢的学院参加。根据小学部的学生年龄特点，学院制学生管理体系在小学部设置了学院币，学生可以根据自己平时良好的学习表现，积极参与学校活动来赢得学院币，这极大地促进了学生的学习动力。学部在设计教育教学活动时，也有意识地将学院制融入其中，用来调动学生的积极性。以下就是两个典型的活动案例，其中小学部诗词大会是将传统学科活动与学院制结合的典型活动；一、二年级整理书包比赛则是学生的养成教育和学院活动相结合的典型案例。

一、诗词大会

自从学院制在师生中的影响力增大，小学部改进了原有的传统活动，使学科活动和德育活动都融入了学院元素，以学院制组织比赛，提高学生的参与度。以班级为单位同时又打破班级的小范围，使学生有了班级荣誉和学院荣誉的双重概念，以期增强学生的团队意识、合作意识。

（一）活动目标

中国是诗的国度，诗词承载着中华优秀传统文化。为大力弘扬中华古诗词文化，让学生认识中华优秀传统文化的丰厚博大，汲取民族文化智慧，受到高尚情操与趣味的熏陶，发展个性，丰富学生的精神世界，小学部面向全体小学生开展诗词大会。通过活动，让学生充分领略古诗词的文化魅力，促进其对古诗词的重视与学习，营造良好的校园文化氛围。激发学生对中华优秀传统文化的兴趣和热爱，增强民族自豪感。

（二）活动时间及地点

活动于每学年第一学期12月下旬在学校大剧院举行。

（三）活动组织

小学部语文组和各学院院长及学生队长。

（四）活动对象

小学部全体师生。

（五）服装要求

全体师生着汉服出席。

（六）活动形式

每届诗词大会一般分两场举办，以学院制进行，按照题目的难度分为低年级组和中高年级组。

（七）活动内容

1. 选拔要求

分学院、分班级进行选拔。

每个年级先进行海选，一、二年级各五个班，每个班按四大学院选取海选排名第一的学生，一、二年级各 20 名参赛选手。三、四、五年级各四个班，每个班按四大学院选取海选排名第一的学生，三、四、五年级各 16 名参赛选手。

2. 活动规则

比赛共分为三个环节：必答题、抢答题、飞花令。若抢答题环节结束有学院分数相同再进行飞花令。最后累计获得最高分的学院将赢得团体冠军。

必答题：屏幕上会出现与年级参赛人数相同的数字，每个数字背后对应一道题目，每位选手从中抽选一题回答，答对加 10 分，答错不得分。每题答题时间不得超过 10 秒。

抢答题：共有 10 道题目，每题回答正确加 20 分，回答错误扣 10 分。在听到"3、2、1"的指令后，选手开始抢答。（提前抢答的学院视为犯规，该学院失去本题的答题资格，累计犯规两次则扣除该团队 20 分。）

飞花令：屏幕上会出现一个关键字，各学院的比赛选手轮流说出含有关键字的诗句，答不上来或重复他人诗句的一方为输。

3. 奖项设置

两场比赛分别选出冠军学院，为其颁发冠军奖杯并奖励 100 枚学院币。各班代表各学院的参赛选手均获得荣誉奖状。

（八）活动宣传

活动宣传包括：制作宣传海报、准备拍照道具；学校公众号做报道宣传；全程直播比赛实况并录制。

诗词大会活动照片

二、整理书包大赛

华旭双语为十二年一贯制教育体系的民办双语学校，学生的家庭条件基本较好，普遍缺乏劳动教育，一年级的学生自理能力和归纳物品能力普遍较差。从现实问题的紧迫性和对学生未来的发展考虑，加强劳动教育势在必行。我们要充分发挥劳动在树德、增智、强体、育美方面的育人功能，树立"劳动最光荣、最伟大、最崇高、最美丽"的观念，引导学生自觉形成认真、负责、诚实、守正、吃苦耐劳、珍惜劳动成果的品质，体会劳动者的不易，珍惜劳动成果。

（一）活动目标

每学年的第一学期，我们都会进行一次低年级学生整理书包大赛。时间一般会放在开学两个月后举行，这个时候学生基本已经认识了书本，知道了整理书包是每天都必须做好的事情。他们必须学会按照科目对书本进行分类，并放在相对应的文件袋里。比赛按学院进行，比速度也比整理时的专注性和条理性，最后胜出的学院将获得学院币的奖励。通过此次活动让学生初步感知劳动的艰辛与乐趣，并让其喜欢劳动；培养学生主动劳动、积极参加劳动的愿望；形成"自己的事情自己做"的意识；初步养成有始有终、认真劳动的习惯。

（二）活动时间及地点

每学年第一学期开学两个月后在总校大剧院进行各学院决赛。

（三）活动组织

小学部学生成长中心，一、二年级教师，各学院院长以及学生队长。

（四）活动对象

一、二年级全体学生。

（五）活动形式

新学期开学后各班利用班会课先教学认识书本及如何整理。先在班级开展初赛，要做到人人参与。每班各学院选出一名整理得又快又好的学生参加决赛。总决赛由四个学院统一组织。分年级选出学院最佳整理小能手。（一、二年级整理的难度不同）四个学院的最佳整理小能手再进行一次比拼，选出最佳学院奖。凡进入决赛圈的学生每人奖励 10 枚学院币；学院最佳整理小能手每人奖励 30 枚学院币；得最佳学院奖者获得 50 枚学院币。

（六）活动宣传

事先准备好PPT和比赛用的桌子、书包及书本（一、二年级的书本数量不同）。现场进行拍照、录像，并在学校公众号上发文宣传。

（七）活动效果

通过此次活动，学生普遍学会了整理书包，并学会了按科目对书本进行分类和归纳；同时激发了学生对学院的认同感和荣誉感，也增加了班集体的凝聚力。

（八）活动图片

整理书包大赛活动照片

三、总结和反思

作为一所十二年一贯制学校，我们既要结合国家课程中的德育教育要求，又要立足具有本校特色的校本学生成长方案；既要致力于融合东西方优秀教育理念，又要贯彻党的教育方针，为每个学生提供适合的、优质的现代教育。学院制便是一个极具特色的例子。在实施的过程中，我们惊喜地发现，学院和学院之间虽有竞争关系，但学生之间却更多地在互助互帮，在互相鼓励中成长。将学院制融入活动其实还在尝试阶段，在制度的设计上、活动的流程上、最后的奖励机制上，还有很多需要完善的地方。如何发挥学院制的作用，做到对学生的日常激励；如何让更多的学生有学院归属感和荣誉感；如何激发学生的内驱力，从而让学生学会自我教育；如何帮助学生形成正确的世界观、人生观、价值观，达到"五育"并举、全面成长，这些都是我们今后需要思考的地方。

学院制日常运行和管理模式探究
——以华旭双语学校为例

徐嘉乐　高艳芳

摘　要： 学院制学生管理体系已经在华旭双语学校实施多年，对学生、教师以及学校管理都带来了影响。本文具体介绍了学院制在幼儿园、小学部、初中部、高中部的日常运行和管理模式，并以初中部活动为例，介绍通过学院制来组织学生活动的方式，以期为同类学校提供有益参考。

关键词： 学院制　日常运行　管理模式

　　学院制学生管理体系是华旭双语的一大创举。华旭双语建立了四大学院，以四位在艺术、体育、文学、科学领域卓越的大师命名，并以其首字母组合而成 R-O-S-E（玫瑰），玫瑰是学校的校花，凸显了华旭双语以爱为特色的校园文化。四大学院分别是任伯年学院、奥尼尔学院、莎士比亚学院、爱因斯坦学院。师生根据自己的喜好选择加入其中的一个学院。学院制打破了班级、年级、学部的界限，让学生在更广阔的平台上得到与不同师生交流的机会。学院制也为外教提供了参与学生管理的机会，真正实现全员德育。

　　2020 年，由高中部领衔，学校完成了四大学院的标志、院旗、颜色的设计，并将代表学院文化的各种标志用于跟学院相关的各种活动，比如运动会、学院篮球赛、"学院之夜"等等。每个学部建立年度轮换的学院院长团队，负责学院各项工作的组织和协调。除了幼儿园外，其他三个学部均建立体现学院文化的学院墙或学院分数墙，并建立和实施学院分数制度，跟学生行为规范和各类成就挂钩，创建健康的学院竞争氛围。

经过历年的建设和实施，全体师生对学院制及其对学生成长的益处有了新的认识。因此，更多的教师更加积极地参与到跟学院相关的活动组织和学生教育工作中来。小学部建立创新的学院分数记录和统计办法，教师通过给出有形的分数币让学生立刻感受到嘉奖的力量；通过学院分数瓶的展示，让学生对学院荣誉产生非常直接的认识。初中部和高中部通过在线智慧校园系统进行学院分数的统计，极大地提高了所有教师参与学院分数评比的积极性。每个学院也极力鼓励所有教师参加学院组织的各种活动，包括学院集会、学院间的各类比赛竞技等。

学院制对丰富校园生活和建设积极向上的学生学习文化具有巨大作用。学院分数不仅被用于学生行为规范的管理上，也被用于提升学生的课外活动质量和课外学术能力。比如高中部专门建立学生课外成绩与学院分数之间的对照表，激励学生拓展校外课堂，同时也将课堂内的知识和技能用于解决实际生活中的问题。小学部和初中部将学院竞争引入传统的学术比赛活动，使得学生不再是狭隘地为自己个人的荣誉而努力和竞争，同时也极大地提升了其他学生的参与度和荣誉感。从 2020 学年开始，各个学部的运动会也将学院制考虑在内，学生除了为个人的成绩拼搏，他们也在为自己的学院努力。这样的设计既增加了活动的趣味性，也很好地培养了学生的集体归属感和荣誉感。生活部也将学院分数用于指导学生在宿舍的行为规范，并与学部内的教师学院院长进行联动，很好地促进学生形成在宿舍内的生活纪律和学习习惯。

一、各学部学院制管理特点

通过努力，高中部逐渐形成了由外教担任学院院长、由学生队长负责日常管理的学院制组织管理体系。学院为全体师生提供了跨学科、跨年级、跨班级沟通与协作的场域和机会，从而促进了学生社会交际能力的培养与提升。学院间会经常举办各类比赛，如篮球赛、足球赛、科学创意比赛、诗歌比赛等，从而让学生在协作中感受友谊与归属、在竞技中磨砺技能和意志。此外，学院还为学生提升领导、组织、策划、沟通等多方面能力提供了广阔的平台。

　　高中部学院的学生队长负责将学生的意见建议有效传达给学校，并将学校的正式通知、活动信息快速传递给学生，促进了双方的意见交换和信息互通。高中部校长在每学期初会向四大学院学生队长表达期许并聆听反馈，每两周会向四大学院院长了解各个学院活动进展情况并促成学院间的连接互动；高中部德育校长与学生队长及学生会成员保持定期与不定期的沟通交流，给予活动支持与指导。

　　"形成学生的兴趣社群、培养学生的领导力"，是初中部学院制建设的出发点。初中部学生依据自身兴趣爱好，自主选择加入艺术学院、体育学院、人文学院、科学学院四大学院。每个学院设有一位教师院长和一位学生队长。学院各自组织富有特色的活动，活动不但彰显了本学院的兴趣特色，而且提升了组织者和参与者跨学科研究的能力。例如，科学学院组织的亲子科学视频大赛、艺术学院组织的走马灯制作展演等。科学学院的视频作品融入了视觉艺术的剪辑、艺术的设计结合了物理原理的支撑。凡此种种，让各学院的学生组织者在展现爱好、设计活动、宣传推广、总结经验方面，都有了自己的成长心得。

　　华旭双语的学生成长教育体系在学院制的建设中也得到了很好的体现。初中部的学院制与学生自管委员会（以下简称"学生会"）制度相结合，着力培养学生的领导力。学生会的纪检部在初中生日常行为规范管理中起很大作用。纪检部在导师的指导下，制定日常检查标准，并将日常管理的结果纳入各学院的德育管理评价中。此举大大增强了同一学院同学们的集体荣誉感、团体凝聚力，促进了学院队长管理水平的不断提升。兴趣是最好的导师，在初中部的学院中，学生可以找到志趣相投的学伴；领导力是当代青年应有的能力，在初中部的学院中，学生可以发掘更多锻炼的机会。只要学生有一颗求知探索的心，就能在学院中闪闪发光！

　　小学部按照学生的年龄特点对学院制进行了改造，用可视化的学院币作为学院分来奖励学生。在校园里设置学院角，展示学院旗帜和色彩，营造学院文化。每个学生都按照自己的意愿加入了各个学院，用自己良好的学习表现来为自己的学院赢得学院分，每个月底进行学院币清点活动，升旗仪式上会将赢得冠军的学院旗帜高高升起，这对学生的正向行为起到极大的激励作用。在学院活动组织中，学部更加注重学院文化的营造，创造机会使学生形成学院意识、团队意识，定期开展学院集会让学生与同学院的同学、老师一起交流互动。各学科也成功改进了传统的"李杜杯"诗词大会、Spelling Bee 英文拼词大赛、数学 Math Bowl 等传统活动，用学院制的方式进行比赛积分，使更多的学生有参与活动的机会，也加强了不同年级学生之间的交流。四大学院的院长定期召开会议，负责学院的各项工作事宜，培养学院学生队长，联结其他几个学部。

在幼儿园，由中外教师协作担任的学院院长和各班举荐的六位学院队长，共同构建适合学龄前儿童的多样情境下的学习模式。学院旨在发展和培养学习者的思维技能、社交技能、交流技能、自我管理技能等不同领域的学习方法。四大学院每月轮替举办一次主题式学院活动，如艺术周、体育周、阅读周、科学周等衔接多个学科的特色活动，组织丰富多元的实践体验项目，鼓励学生在玩中学。学院制的建设不仅对校内课程的拓展、衍生有着积极效用，同时也强化了学龄前儿童对于合作概念的认知。十二年一贯制教育体系的学院制一体化，使得幼儿从小就融入学校文化，也为他们的未来校园生活和学习提供了持续发展的学习情境。

二、初中部学院活动案例

初中部利用各学院的特点和优势，组织具有学院特色的活动。"青少年情感"阅读征文分享活动是由人文学院牵头的一项典型活动。

（一）活动目标

阅读营造美好生活，分享同学们的情感体悟。激发同学们的阅读与写作热情，提高文学作品的鉴赏能力。

（二）活动方案

人文学院教师、学生队长与"沁园读书会"负责人联系，确定阅读分享主题为与青少年情感启蒙相关的主题，由读书会选取经典图书、优秀作品改编电影和诗歌三种体裁，通过不同的文学或艺术形式，提供可借鉴的样本和范例，帮助化解青春期青少年的情感困惑。

人文学院通过晨会、班会，向学生宣传推荐阅读内容。

人文学院队长负责征集同学们的阅读感悟。成立评选委员会对学生投稿进行评价，择优推荐到公众号。

全部主题结束后，对活动进行总结和表彰。

（三）活动效果

征文活动是学校日常活动中十分常见的活动之一，初中部利用学院制来推进此项活动，达到了以下效果：

1. 发挥了学生的领导力和主动性

此项活动以人文学院为组织单位，由人文学院初中部队长进行策划、组织和推进。整个过程中教师只起到了指导作用，这给学生领导力的提升提供了实践机会。

2. 发挥了学院优势，起到引领作用

人文学院对文学的热爱和追求让其在这一活动中理所应当地起到了引领作用。每个班级中均有人文学院的学生，通过辐射层层推进活动，让活动的知晓度和参与度都得以保障。这样的活动模式被其他学院复制模仿，如科学学院组织的科学集市、艺术学院组织的艺术展、体育学院组织的运动会等，都发挥了学院优势，为活动更好地开展起到了正向促进作用。

3. 以活动联通了各学部

通过学院制推进活动，让活动在各学部中有流畅的推广通道，也能得到群体的响应反馈。并且在活动推进或总结阶段，各学部的学生被有组织性地调动起来。以学院为组织单位的不少活动都在某种意义上打通了学部界限，大手牵起小手，将十二年一贯制教育体系的优势发挥得淋漓尽致。

综上所述，学院制在类似华旭双语这样的十二年一贯制双语学校中是一个值得推广的学生管理模式。

育人有方

务实班主任工作

在教育的广袤天地里，班主任的工作犹如一场心灵的耕耘与收获。他们不仅是知识的传授者，更是学生心灵的引路人，用爱心和智慧点亮学生前行的道路。在这份神圣而伟大的工作中，每一位班主任都积累了宝贵的育人心得，这些心得不仅是他们个人成长的见证，更是我们共同的教育财富。作为班主任的幸福，是一种深层次的、多元的情感体验，它源自教育工作的各个方面，反映了班主任在职业生涯中的满足感和价值感。他们关心学生的成长，理解学生的需求，努力为学生创造一个温馨、和谐的学习环境；他们与家长保持良好的沟通，共同关注孩子的成长，形成教育合力，在学生生涯中的重大作用是无可替代的。

这个板块的一组文章汇集了众多优秀班主任的实践经验与深刻思考。他们以真挚的情感和生动的笔触，分享了他们在育人道路上的点点滴滴。这些故事既是对过去岁月的回顾，也是对未来教育的展望，它们将引领我们走进一个充满智慧与情感的教育世界。

在这组文章中，班主任们把自己的故事娓娓道来。他们用爱滋养每一个学生的心灵；他们关注学生的成长需求，尊重学生的个性差异；他们用耐心和细心去倾听每一个学生的心声。他们用自己的行动诠释着全人教育的理念，让学生在阳光下茁壮成长。

同时，这组文章道出了班主任们如何以智慧去引导学生走向成功的道路。他们善于观察学生的特点，发现学生的潜能，用巧妙的方法激发学生的学习兴趣和动力。他们注重培养学生的综合素质，关注学生的全面发展，让学生在快乐中成长，在成长中快乐。

此外，该板块还介绍了班主任们在班级管理和学生自主管理方面的创新实践。他们通过制定科学合理的班级规则，培养学生的自律意识和责任感；通过开展丰富多彩的班级活动，增强学生的团队意识和协作能力；通过引导学生进行自主管理，培养学生的自主意识和创新能力。这些实践不仅提升了班级的整体水平，也为学生今后的成长奠定了坚实的基础。

值得一提的是，该板块还收录了许多班主任的反思与成长故事。他们坦诚地分享了自己在教育工作中的困惑与挫折，也讲述了自己如何通过不断学习和实践来克服困难、实现成长。这些故事让我们看到了班主任的坚忍与毅力，也让我们深刻体会到教育工作的不易与伟大。

当然，这个板块的价值不仅仅在于它所呈现的实践经验和智慧思考，更在于它所传递的教育理念和精神内涵。它告诉我们，作为班主任，我们不仅要关注学生的学业成绩，更要关注他们的内心世界和成长需求；不仅要传授知识和技能，更要培养学生的品德和素养；不仅要做好日常管理工作，更要引导学生进行自我教育和自我发展。

点亮心中的星光
——一年级班主任管理艺术的实践与思考

徐伟露

摘　要： 当今的小学教育越来越重视对小学生素质和能力的培养。因此，德育犹如一盏点亮快乐人生的启明灯，成为中小学学校教育的重要组成部分，尤其在小学教育阶段，良好的道德规范和行为准则变得至关重要。本文通过综合笔者多年的教育经验和教学实践剖析，揭示"从爱出发"的德育策略在一年级班主任管理艺术中的具体应用和成效，并得出结论，当德育策略以爱为核心时，结合细腻的情感关怀和科学的管理方法，可以有效促进学生的全面发展。这对于当前和未来学校德育工作的深化具有重要的理论和实践意义。

关键词： 班级管理　从爱出发　情感关怀

有人说："班主任是学校里最小的'官'，也是最苦的'官'。"在教育战线上挥洒了十多年汗水的我，终于在班主任这个角色中更加懂得了教育的意义。虽然，我当班主任的资历不算太长，但从我接上班主任这个担子以来，我就深深喜欢上了那一双双明亮的眼睛，一张张稚嫩的脸庞。回想自己初次上任的经历，每天早出晚归，忙碌个不停，琐事烦心事一大堆，但困难磨砺了我，也造就了我，在不断摸索中前进，在艰辛中成长。从最初的迷茫、不知所措，到现在的收获颇丰，我一步步走向成功，我也幸福地享受着这份喜悦。从爱出发，用心浇灌每一枝花朵，才能浇开希望之花。这才是班主任工作顺利开展的金钥匙。那么，如何将它见之于行呢？

一、要有足够的爱心和耐心，并持之以恒

（一）走近学生，细处关爱

爱是一种深沉而又持久的力量，它是教师职业道德的核心。一个优秀的班主任应该以充满热情的态度去对待学生。[①]陶行知曾说过："没有爱就没有教育。"我常常思考，作为一名低年级的班主任，要想让这些学生成长得更好，就必须像母亲一样爱他们，并且给予他们充分的关心和耐心。心理学上有一个"依恋理论"，即孩子听你的话是因为他们足够信任你，相信你是他们的保护者和指导者。[②]因此，每当下课时，我都会与学生一起聊天、玩游戏，甚至帮助他们整理头发，教他们如何系鞋带。通过这些互动，我渐渐与他们建立了友好的关系，并且也逐渐了解他们。我相信"亲其师，信其道"的道理，以爱心为基础的教育和引导能够取得更好的效果。

（二）耐心指导，爱心示范

担任一年级的班主任后，我经常遇到这样一个问题——我觉得说得已经很清楚了，但是学生听不懂我的要求。比如，有一次，有一个学生的桌子被他用铅笔画得很脏，我给他一块海绵，让他去擦一擦，结果不但桌子没擦干净，走廊和地板又变成了"灾难现场"。如何使学生更好地理解和遵守教师的指示，如何有效地实现自身的目标，是值得深入探索的课题。为此，我通过在线资源和查询资料来获取有价值的信息。心理学研究表明，儿童倾向于将事物看作整体，而不太注意事物的细节和差异。他们往往以整体的形象为基础去认识事物，缺乏分析和细致观察的能力。另外，儿童的思维还具有随意性和主观性的特点，他们对事物的认知和思考往往是随意地根据自己的主观感受进行的，缺乏客观的推理和

---

① 吴寒.以爱的名义启动小学德育管理机制［J］.新教育，2021（17）：30—31.
② 崔丽萍.等等我们的"小蜗牛"——一年级潜能生引导转化的探索与实践［J］.班主任之友（小学版），2022（06）：13—15.

判断。①

面对一年级的学生，首先要蹲下来，从他们的角度去看待事物，多点爱心、耐心，用他们能听得懂的语言和他们交流。其次，要把要求说清楚，耐心指导，给予示范。比如擦桌子，我通过观察发现，学生把我给他的海绵扔到洗手池里，涮一下就捞出来了，也不把海绵里的水挤出来，弄得教室外面的走廊上和教室的地板上全是水，海绵里的水太多了，没有摩擦力，所以桌子怎么擦也擦不干净。这种情况究竟是由于学生年幼无知还是有意欺骗？答案显而易见，这完全取决于儿童的心理发展特征。他们希望按照老师的指示去完成任务，但不知道如何实现这一目标。为了解决这个问题，我将这名学生带到洗手池边，教他如何搓、拧海绵，让他明白只有将所有的水都拧出来，才能保证走廊和教室的卫生。接着，我还教他如何用海绵将桌子擦得一尘不染。这次的实践活动非常成功。通过将要求的细节讲解清楚，并且给予学生充足的爱心和耐心，他们可以很好地完成整理书包、打扫卫生、物品摆放等工作。现在，班级日常管理的各项工作，比如晨读、课间管理以及打扫卫生，都由学生来组织，这让我作为班主任的负担大大减轻。

二、有强烈的责任感

（一）捕捉闪光点，及时表扬

马卡连柯提出了"用放大镜看每个孩子的优势，用缩小镜看每个孩子的劣势"的观点，苏霍姆林斯基则强调："在进行教学时，应该小心翼翼地去触及每个孩子的内心，给予他们表扬和认可，让他们认识到自己的价值，从而激发他们寻求提高的热情"。②一年级的学生更加单纯，他们更看重老师的表扬。因此，我在日常工作中积极发现学生的优点，及时给予鼓励和表扬，比如一个肯定的表情、一句温暖的话语，都能让他们受益匪浅。比如，有个学生平时上课专注力很差，每次上课写

---

① 孙金荣.入学适应视角下小学一年级班级管理问题及策略的研究［D］.南昌：南昌大学，2022.
② 杜玲燕，2021.浅谈小学一年级班主任与学生的沟通方式［C］// 中国智慧工程研究会智能学习与创新研究工作委员会.2021课程教学与管理论坛论文集.重庆：中国智慧工程研究会智能学习与创新研究工作委员会：422—426.

字作业都写不完，有一次上课居然写完了，我就赞美他，在全班树立典型，现在他不仅能在课堂上就把书面作业完成，而且作业的质量也越来越好。

（二）抓住契机，鼓励上进

心理学表明，当一个人获得成功时，他就会有更大的动力去追求更多的成功。因此，教师应该帮助学生发掘自己的优势和劣势，并加以改进，在合适的时机鼓励学生不断进取，可以增强他们的自信心。比如有个学生上课不认真听课，一写课堂作业不是拖拖拉拉地削铅笔，就是和同桌聊天，怎么写也写不完。有一次课后服务，刚好是我值班，我就和班里的同学说今天谁能在课后服务把作业全做完了，我就奖励他一枚学院币，同学们一听都提起了精神，这个学生不仅把在课堂上没有做完的书面作业完成了，还把当天的语文朗读作业、数学和英语作业都做完了。第二天，他跟我说："徐老师，回家没有作业可真轻松，我有了更多自己的时间，我好开心呀！"从此以后，他课堂上做作业专心多了，写作业的速度也提高了，学习也更上进了。

三、要善于协调各种关系

（一）坚守原则，动情教育

俗话说："金无足赤，人无完人"。在生活中，我们成人也时常犯错，更何况一年级的小学生呢。苏霍姆林斯基曾经指出："批判的艺术就是将严厉与善良完美地融合，并以一种温暖的关怀去抚慰他人。"[1] 因此，当学生做坏事的时候，我们应该保持冷静，避免发脾气，首先应该全面地理解这一切，并且以客观的态度去审视，从中发现潜藏的秘密，以便给予准确的判断。借助充分的证明和论证，我们可以更加客观地指出和解释，从而让学生接受和认可我们的观点。

师爱是一种深沉而持久的爱，它需要温暖、友善、热烈、亲切的态度，并且要求以正确的方式去实现。[2] 作为班主任，在让学生认识到错误的同时，也使学生明

---

① 高影.班主任工作的那些难事儿［N］.中国教师报，2021-12-29（011）.
② 陈杰虹.小学中年级班主任工作经验谈［J］.读写算，2021（22）：51—52.

白老师是真正为他们好，除了批评教育，给他们更多的是关爱。

激励人心的教育可以激发学生的热情，建立起心灵之间的桥梁，而爱护学生则是教育取得成功的关键，因此我们要主动去表达爱意。

（二）心系集体，自我管理

苏霍姆林斯基曾经指出，"促进自身素质教育的教育方式才是现实的教育方式"，能够激活中小学生的集体信念，让他们更加认可集体的价值，并且更加乐意从事集体实践。[1] 通过这种方式，中小学生能够更好地理解集体的重要性，并且更加积极地去应对各种挑战，从而更好地实现集体的目标。随着现代社会的快速发展，教师应该积极地指导、鼓励、训练中小学生，帮助他们在日常的学习实践中获取经验，增强社会责任感，认清自身的角色。通过提高学生的自身认可性，他们能够更好地投入社会中来。这种归属感从各个层面都能够培养出来，例如积极参与慈善活动、保持家园整洁等。

有一天下午，快要放学了，同学们已经整理好了书包，排好了队。这时，我发现班级地面很脏，学生座位下、教室的过道上有很多点心的包装袋、同学们扔的小纸片，桌子被碰得歪七扭八，黑板擦也掉在地上，一片狼藉。我当时没有批评大家，只是让同学们放下书包，组织他们用几分钟的时间进行了清扫和整理。当所有的工作都做好之后，我问学生："刚才的教室和现在的教室哪个让你们感觉更舒适？"学生异口同声："现在的。""如果你的家里非常脏乱，那么你会感到舒适吗？班级是我们共同的家，我相信没有人愿意在教室脏乱差的情况下离开。"从学生的眼神我感受到他们已经开始认识到什么是真正的主人翁意识。从此，学生对班级的热情更加高涨，每天课间，他们都会积极参与清洁卫生，并且彼此提醒不要随地扔垃圾，这样一来，班级放学整理的时间也大大缩短了。提升学生的自我管理能力并非一蹴而就，这需要我们持之以恒地引导和不断地激励。

综上所述，一年级班主任在进行班级管理中，不仅仅是一种情感投入，更是一种教育策略。这种管理艺术要求班主任深入了解学生的思想基础，见机行事，运用

---

[1] 康锦梅. 当一年级的班主任一定要爱心泛滥 [J]. 班主任之友（小学版），2021（06）：61—62.

情感教育来动之以情，晓之以理。通过这样的方式，班主任能够在学生心中树立起正面形象，赢得德育管理的主动权。①

　　总而言之，小学的班主任工作是一件非常复杂的事情，每一位班主任都有自己的酸甜苦辣，尤其是小学低年级的班主任，他们既是教师又是保姆，要教育好一班学生，这是一件非常困难的事情。小学低年级学生刚跨入校门，正在经历形成世界观、人生观的启蒙时期，因此，小学低年级教师的工作非常重要和光荣。只要教师在学生心中播撒下希望的种子，就会收获学生成长的喜悦。

---

① 覃斌莲，2021．如何当好小学一年级班主任［C］//教育部基础教育课程改革研究中心．2021年教育教学创新研究高峰论坛论文集．北京：教育部基础教育课程改革研究中心：83—84．

帮助低年级学生培养规则意识

张红影

摘　要： 刚升入一年级的新生，活动空间一下子比幼儿园大多了，怎么让这群一年级新生在偌大的校园里尽快有规则意识呢？我在衔接课前就用心地备课，筛选目前紧要的问题，分步骤层层推进，确定了幼小衔接阶段的训练目标。我采用趣编儿歌、巧编互动口诀、妙用班级文化三个办法去逐步达成训练目标，培养低年级学生的规则意识。经过实践，我们班的学生在校生活井井有条，精神风貌佳，班风学风正，受到一致好评。

关键词： 规则意识　趣编儿歌　巧编口诀　妙用班级文化

新生就如白纸一张，要培养他们的规则意识，一开始我们就要提出明确的要求，让学生知道做什么、怎么做，接下来还要及时地反馈给学生，让他们知道做得怎么样。我从以下三个方面谈谈我们班的做法。

一、趣编儿歌唱起来，学好规矩学知识

如何才能让学生清楚地记住规则呢？我选择学生喜闻乐见的童谣、儿歌，把学生要遵守的规则编成朗朗上口的儿歌或拍手歌，一天学上 1—2 首，让学生在有趣的儿歌中，先把规则内化成自己的认知，然后再外化为自己的行为。

比如这首课前准备儿歌："铃声响，进课堂，书本文具摆成行。身子坐正看前

方，静等老师把课上。专心听讲勤思考，举手发言声响亮。"预备铃响的时候，开始一边诵读一边检查课前准备，每节课前都来上一遍，学生很快就把课堂规矩牢牢地记在了心里，接下来就是一一对照着做。

要想让学生不吵不闹，那就让他们有事情做，让他们忙起来。预备铃一响，领读起个头，原本课间到处"放羊""遛狗""鸡啄米"的学生开始跟着齐声诵读，小嘴巴忙起来，哪还有闲工夫废话啰唆。2分钟的课前准备时间里，两三首儿歌或拍手歌串烧下来，学生复习了要做的规矩，回到了座位，也安静下来了，正好上课。

做规矩有做规矩的儿歌，学知识有学知识的儿歌——田字格拍手歌、握笔歌、书写坐姿歌、字母之歌等。虽然低年级没有书面作业，但是我们天天有口头作业——朗读单，每一张朗读单上都有"我会读儿歌"。一首首有趣的儿歌里凝聚着教师的智慧，让学生唱着儿歌学规矩、唱着儿歌学拼音、唱着儿歌识汉字。基于低年级学生的立场和生活感受，从校园生活出发选取内容，趣编儿歌。我们的儿歌内容丰富，一首一首换着唱，常唱常新。趣编儿歌可以从认知、体验、练习三方面有序推进规则意识的培养，让学生在儿歌声中认知规则、遵守规则，并逐步内化为一种内在需要。①

二、巧编互动口诀，行为举止有规范

做规矩只有有趣的儿歌还不够，还需要简洁明了的口令。教师单向输出的口令，有时控制不住学生忙活的小嘴，你在上面说，他们在下面说。

我觉得还是那个宗旨——想让学生不吵不闹，那就让他们有事情做，让他们忙起来。于是我设计了一些互动式口令用来对答。读书时，我说"左手扶书"，学生说"右手指字"，训练低年级的学生指读。写字时，我说"左手扶书"，学生回复"右手写字"。我说"头正肩平双脚稳"，学生回复"一拳一尺加一寸"。写完了来上一句："停笔，抬头！放笔，无声！""小眼睛，看老师。小耳朵，仔细听。"这样一波互动式连环口令操作下来，学生的注意力又回到了教师这里。

① 陈燕.基于体验活动培养小学低年级学生规则意识［J］.新课程研究，2022年（16）：123—125.

口令的对答输出让学生的小嘴巴既说了话，又没机会开小差。花些时间，学生就能练出条件反射，只要坚持一段时间，头脑聪明的学生就可以变得训练有素。

三、妙用班级文化，良性氛围造起来

经过趣编儿歌、巧编口令的轮番操作，学生就知道了该做什么、怎么做，接下来就是让学生保持热情，把学到的规矩持续下去而不觉得枯燥。这时候就可以妙用班级文化把积极良性的班级氛围营造起来。班级文化是一种宝贵资源。苏霍姆林斯基指出："只有创造一个教育人的环境，教育才能收到预期的效果。"[1]

都说"好孩子都是夸出来的"，想让学生变成什么样，就朝哪个方向夸。[2] 妙用班级文化，用奖励收服这群稚嫩的人类幼崽。我们班有一张积分表，A3 大的一张纸画了 30 个格子，一人一格，贴在黑板边上，方便随手记录学生的奖励加分。平日里的常规管理，如桌面、桌肚整洁程度，路队表现，就餐秩序等，表现好就加分。路队、就餐这类的都好办，口头表扬，回班记录加分。等学生出去上体育课、美术课了，我就来检查桌肚，按照左边文件袋、右边文具盒、中间放纸巾的常规要求，合格就加分，每满 5 分，就奖励一张贴画。

上课时，在黑板上写上小组编号，小组发言好、坐姿端正、书写姿势好等就得分，需要正面强化的训练点都可以在合适的时机来加分，下课后统计得分，获胜的小组集体盖章奖励，积累 5 个印章奖励一张贴画。课堂上，个别学生表现突出的，用红色粉笔加分，课下单独奖励学院币。学生大多有好胜心，想获胜当冠军，谁不喜欢获得奖励呢？自然而然地，学生的课上表现就会好很多。写字作业、练习册、课堂练习、听写等各项作业完成得好，打个优星的等第，在作业本的封面上画颗星，集齐 5 颗星换一张贴画。

我们班教室右边的墙被布置成了荣誉墙，主题是"扬帆起航"，我们班 29 个学生就贴了 29 艘帆船，每个学生都是船长，在荣誉墙上都有一艘属于自己的小帆船，帆船上都贴着船长的照片。积分兑换来的贴画都贴在自己的帆船上，看看谁的帆船

① 朱鹏博.班级文化建设与立德树人相融合的实践研究［J］.科学教育前沿，2022（5）.
② 张自学，邹德金.好孩子是夸出来的［M］.北京：新华出版社，2006.

荣誉贴画多，谁的帆船就漂得远！

我把学生放水杯的收纳筐放在荣誉墙前面，学生天天去喝水，天天都能看到自己的小帆船。上面奖励贴画多的，看着开心，有自豪感；贴画少的，看着着急，找找差距，赶紧加油！

对于学生来说，光有荣誉还不行，还得有实实在在的好处。我答应学生学期末数贴画发礼物，贴画越多，礼物越高级，学生可有干劲了。上学期元旦将至时，给学生一张心愿卡，写上自己最想得到的礼物，期末兑现，下学期就在儿童节那天写心愿卡。元旦或者儿童节到期末只有短暂的复习时间，要想拿到梦寐以求的礼物必须全力冲刺，借此机会还可以激励他们在复习阶段再加把油。同时把学生写的心愿卡反馈给家长，家长看到孩子的成长，期末这么努力，也会很乐意让孩子梦想成真，悄悄把礼物准备好，交给老师。

到了期末，根据学生的表现，各科教师一起评出我们班的各种年度最佳，比如"最佳朗读奖""最佳运动奖""最佳才艺奖""最佳计算奖"等，并举行隆重的颁奖典礼，为获奖的学生颁发奖状和奖品。学生拿到了通过自己一个学期努力挣来的精美礼物，个个乐开了花！学生尝到了认真努力学习的甜头，下个学期定然也会继续奋进。

学期结束，我把学生的小帆船从荣誉墙上取下来，背后贴上条纹格，让学生带回家，请家长根据孩子的表现写一段心里话。家长回顾孩子一学期的努力和成长，给他们写下了很多鼓励、肯定的话。学生读着爸爸妈妈的话，为下学期的再启航又注入了新的力量。

如果只有学期末的奖励，学生等待的时间比较久，没有常性的学生可能会中途懈怠，所以我们班每个月会颁发"当月小明星"评选的奖励，比如"书写小明星""发言小明星""纪律小明星""卫生小明星""友善小明星"等，从各个角度找亮点，换着角度表彰学生，每个月底发一张金灿灿的奖状带回家，孩子高兴，家长看着也开心。

我们的激励机制不仅潜移默化中培养了学生的规则意识，鼓舞了学生的干劲，提升了班级凝聚力，还增进了亲子之间、师生之间的感情，可谓一举多得。培养低年级学生的规则意识，激励他们积极向上，我通过趣编儿歌、巧编互动口诀、妙用班级文化，让规则意识深入学生的心，学生在不知不觉中就按照教师铺就的轨道，在学校的各项规则里快乐前行。

经过一个学期的实践推进，我们成功地达成了这一阶段的训练目标。班级里各项工作井井有条，学生精神风貌佳，班风、学风正，我们班级受到了学校领导的一致好评，多次被评为"五星班级"，获得了2023—2024学年第一学期的"金穗奖"。学生开心极了，一个个争着要去摸摸金灿灿的奖杯，再和奖杯合个影，特别珍惜这份来之不易的集体荣誉。

让花成花，让树成树，让孩子成为他自己
——班主任工作中的个体成长探索

杨　阳

摘　要： 班主任作为教育的重要主体，应该关注每个学生的个性化差异，使其拥有独特的性格、兴趣和能力。我们应该尊重并理解这种个性差异，善于捕捉教育的契机，彰显教育的智慧，为每个学生提供个性化的教育支持，帮助他们实现自我成长。

关键词： 班主任工作　个性化差异　教育支持

一、引言

每个学生都是一颗独特的种子，需要独特的养分和关怀才能茁壮成长。在班主任工作中，我们应该尊重并理解这种个性差异，为每个学生提供适合他们的教育方式和内容。这需要我们深入了解学生的成长背景、内心需求以及他们的优点和不足，从而为他们量身定制教育方案。先让他们的"心稳住"，再谈学业上的发展，从而在初中阶段得到更好的发展。

二、案例分析

（一）仙人掌的蜕变：尊重与引导并重

小 S 同学是一个性格倔强、总是与他人发生矛盾的孩子。在深入了解他的成长背景和内心需求后，我发现他其实是一个渴望被理解和接纳的孩子，但总是找不到和他人相处的合适尺度。对此，我采取了尊重与引导并重的方式，逐步帮助他改变不良行为，学会与他人相处。我弯下腰，倾听他的想法和感受，尊重他的个性和意愿，和他谈一谈最近的生活，拉近师生间的距离。耐心倾听是第一步，更进一步是引导，抓住教育的契机，适时地对他提出要求——每周总结本周的行为。之后我有针对性地表扬他一些避免与他人起冲突的行为；鼓励他参与团队活动，贡献自身的力量，通过实践培养他的团队合作和关爱他人的意识。经过一段时间的努力，小 S 同学逐渐学会了控制情绪，慢慢学习着与他人相处，虽然有时还会与他人发生矛盾，但次数越来越少了。虽然小 S 同学偶尔还是有控制不住自己情绪的时刻，但事后的总结与反思越来越细致。到了八年级，小 S 选修了食育课，每个周二就成了他主动"投喂"同学、老师的时间。曾经一身尖刺的学生现在也在尝试着与他人拥抱。也许有过痛苦、茫然，即使走得再慢，我们也是在进步，不是吗？

（二）小 K 同学的成长之路：接纳与鼓励同行

小 K 同学是一个自我要求严格、成绩优异的孩子，但他面临着巨大的心理压力和成长困惑。在沟通工作中，我发现他对自己的期望过高，导致心理压力过大，如何悦纳自我成为他最大的困惑。在心理老师的建议下，通过引导他接纳自我的不完美、鼓励他勇于尝试和积极面对失败，帮助他逐渐缓解心理压力，找回自信和快乐。于是，我开始"强迫"他参与班级活动，调整自我评价，减少对自我的负向评价，关注自我成长过程。在每次检测后，我会尽可能地带着他一起分析问题，传递积极正向的情绪，让他在过程中不断学习和成长。此外，我还为他提供了自主成长的空间和机会：从晨会演讲再到数学活动，我希望他可以在与其他同学的相处过程中有更清晰的自我定位。慢慢地，他脸上的笑容开始增多，我知道他在试着接纳一个并不一定完美的自己。每个生命都有其独特之美，就像那并非一开始便是花朵的种子，经历着破土而出、历经风雨的过程，最终才能有绽放的光彩。在每个人成长的道路上，也都是努力从籍籍无名的起点，成长为独一无二的自己。对于小K同学来说，接纳自己的不完美，勇敢地在雨后的彩虹中绽放，是一种勇气，更是一种智慧。

三、工作启示

（一）尊重个性差异，因材施教

每个学生都是独特的个体，他们的成长轨迹和生命节奏各不相同。在班主任工作中，我们应该尊重学生的个性差异，避免用统一的标准来衡量他们。同时，我们应该根据学生的特点和需求，提供个性化的教育支持。对于性格偏强的学生，我们可以采取引导的方式，帮助他们理解并改变不良行为；对于自我要求严格的学生，我们可以给予他们更多的心理支持和自主成长的空间。这样的因材施教，不仅能够满足学生的成长需求，更能促进他们的个性发展，让每个学生都能在适合自己的领域得到发展和提升。

（二）关注内心需求，建立信任关系

关注学生的内心需求、建立信任关系是至关重要的。学生的行为往往受到内心需求的影响。在班主任工作中，我们应该关注学生的内心需求，了解他们的想法和感受。通过与学生建立信任关系，我们可以更好地理解他们，为他们提供更有针对性的帮助和支持。例如，对于渴望被理解的学生，我们可以多花时间倾听他们的想法和感受；对于面临心理压力问题的学生，我们可以提供心理支持和引导。通过关注内心需求并建立信任关系，走进学生的内心，我们才可以更好地促进学生的心理健康和个性成长。

（三）培养自我认知，引导自主成长

帮助学生成为自己的关键在于培养他们的自我认知能力和自主成长意识。我们应该引导学生正确认识自己的优点和不足，鼓励他们勇于面对挑战和困难，培养他

41

们的自信心和解决问题的能力。同时，我们还应该为学生提供自主成长的空间和机会，让他们在实践中不断学习和成长。例如，在班级管理中，我们可以组织各种活动让学生展示自己的特长和兴趣，基于了解，可以搭建或托举学生走向更大的舞台；我们也可以多放手，鼓励学生参与班级管理和决策过程，培养他们的责任感和领导力。通过培养自我认知和引导自主成长的方式，我们可以帮助学生更好地实现自我价值和发展潜力。

（四）家庭教育与学校教育相结合

苏联教育家苏霍姆林斯基在《给教师的建议》一书中指出："教育的效果取决于学校与家庭的一致性，如果没有这种一致性，学校的教学、教育就会像纸做的房子一样倒塌下来。"① 因此，我们应与家长保持密切的沟通与合作，共同引导学生成长。通过家长会、家长约谈等方式，了解家长的教育观念和方法，指导家长尊重孩子的个性和兴趣，避免过度干预和期望过高，面对孩子在不同阶段的变化保持积极心态。沟通时，要多一些同理心，用专业姿态让家长做到信任班主任。同时，借助学校向家长提供相关的教育资源和培训，帮助他们更好地理解和配合学校的班主任工作，实现家校共育。

（五）开展多元化班级活动

班级活动是推动学生个性发展和品德形成的重要途径。我们可以组织各种形式的德育活动，如主题班会、社会实践、志愿服务等，让学生在参与中体验、感悟和成长。这些活动不仅能够帮助学生拓宽视野、增长见识，还能够培养他们的团队合作精神和社会责任感。还应根据学生的兴趣和特点，开展个性化活动，如舞蹈、绘画、摄影等，定期在班级内部进行展示。利用好每一次活动，从团体活动中寻找教育的契机，让每个学生都能在适合自己的领域得到发展和提升。

（六）建立科学的评价体系

评价是班主任工作的重要组成部分，它对于引导学生的成长方向和提高德育工

---

① 苏霍姆林斯基. 给教师的建议［M］. 武汉：长江文艺出版社，2014.

作的效果具有重要意义。我们应建立科学的评价体系，注重学生的全面发展和个性差异。评价内容应涵盖学业成绩、品德表现、兴趣爱好等多个方面，不应仅局限于学业成绩，评价方式应多样化，包括自我评价、同伴评价、教师评价等。

尤其应关注同学间的交往，这是一个了解学生的窗口，不仅可以了解学生的人际关系，同时也了解到学生对于他人的评价角度。从一个方面而言，这有助于了解班级中被"边缘化"的学生，及时做好预案。从另一个角度看，这也有助于在沟通的过程中引导学生评价更全面化。在"知彼"的同时也加深对自我的了解，达到"知己"的深入。同时，我们还应关注评价结果的反馈和应用，及时给予学生肯定和鼓励，引导他们正确认识自己的优点和不足，扬长避短，激发他们积极向上的成长动力。

四、结论与展望

"让花成花，让树成树，让孩子成为他自己"的观念强调了尊重学生个性差异和内心需求的重要性。在班主任工作中，我们更是应该注重个体间的差异，通过实践，期待能够帮助学生发现自我、实现自我，让他们在自己的人生道路上绽放出独特的光彩。他们可以是满天星，也可以是红玫瑰，是仙人掌也没什么不好的。盛放也好，静谧也罢，我们要努力托举他们成为最好的自己。

让规则意识代替说教
——学生规则意识树立的实践与思考

曹　婷

摘　要： 为建设良好的班风，帮助学生学会学习，学会共存，在承担班主任工作的这几年间，我将树立规则意识作为工作的重点内容。通过对建立规则、接纳规则、形成规则意识三个主要环节的实践，利用教育契机，创新零说教的教育方法，帮助学生接纳并自觉遵守规则。

关键词： 初中生　规则意识　育人故事

"悬衡而知平，设规而知圆。"学生天性向往自由，但自由并非无边界。学生了解规则、遵守规则并将规则内化的过程，也是他们学着与这个世界相处的过程。因此，为建设良好的班风，帮助学生学会学习，学会共存，在承担班主任工作的这几年间，我将树立规则意识作为工作的重点内容。

一、建立规则

学生天生好动、好奇，贪玩是他们的天性。如何引导学生先高效有序地完成当天的学业任务，再进行游戏，成为我尝试树立他们规则意识的第一步。但无论是自拟班规，还是设置积分榜，都未能真正激发学生的学习积极性，反倒形成了互相举报、锱铢必较的班级风气，一度让我身心俱疲。偶然一次在巡班的过程中，我听到班里一位男同学说："马上就要期末考啦，我们考完再玩吧"，这让我一下子有了灵感。这句话可以说是许多父母、老师的口头禅，但如果能将这句话作为一项班规确立下来，从规则的角度明确学习与娱乐的先后顺序以及分界点，是否会让学生对于学习与娱乐有不一样的认识呢？于是，我开始了"禁娱期"的尝试。

"禁娱期"分为两个部分。首先，在日常的学习过程中，一旦学生未能完成当日的学习任务，他们就进入了"禁娱期"。这意味着，在此期间，无论是参与游戏还是围观，都是不被允许的。其次，在期中和期末考试前的两周，我们也会实施"禁娱期"。这两周是学生复习和准备考试的关键时刻，因此，所有的娱乐活动都会被暂停。这样做不仅从制度上明确了考试的重要性，让学生更加重视，同时也为他们营造了一个紧张而有序的学习氛围。

为了确保这一规则的执行，我们特别设立了"审查"机制。由"组局"的学生负责审查参与者及围观者是否处于"禁娱"状态。一旦发现有"禁娱者"参与，那么所有参与及围观的学生都需要重新完成当日任务作为惩罚。因为每个学生完成任务的速度不一，所以每个学生的"禁娱"时间也不一样。要想不受惩罚地玩游戏，"组局"的同学就需要反复确认参与者及围观者是否完成当日任务，这无形中也在不断提醒周围的同学先完成任务再玩。而想要参与或围观游戏，须完成当日任务才有"入场券"，这也成了学生主动高效完成任务的动力。如此反复，形成良性循环。

在"禁娱期"设置一年后，班级大部分学生已基本能够有序安排自己的在校时间，他们在娱乐与学业之间找到了一个平衡点。还有一部分"贪玩"的学生，为了能够不耽误娱乐的时间，他们会主动减少任务二次返工的可能性，这也倒逼他们在初次完成任务时就要全身心投入，保质保量。

从他们身上，我意识到规则与自由从来不是一对反义词。规则不等于束缚，让学生在合理的范围内拥有选择和决策的权利，这才是建立规则的目的所在。

二、接纳规则

建立了规则并不意味着万事大吉。在班级值日制度确立后的很长时间里，我都试图通过长篇大论的教育以及不时提醒让学生改掉懒散与邋遢，但成效只能保持一两周，付出与成果并不对等，我也感到了深深的无力感。这个问题成为横亘在我与学生之间的坎，我气他们不能自觉主动地整理桌椅内务，他们也畏惧我经常性的批评。

一次路过班级门前，我看到空无一人的班级亮着明晃晃的灯，堆满书本、水杯、废纸的桌面，杂乱的桌椅，还有椅子旁边张着"嘴巴"或立着或躺着的书包。我沉默地站在班级门前，本打算像之前一样坐在班级等他们回来，借着未被"破坏过的犯罪现场"，再次进行思想教育，但想到接下来的教学任务，时间不允许的我无奈地选择拍了一张照片，并投屏在了白板上，准备等课间再来"算账"。

然而等我下课再来的时候，我发现许多学生围在白板前讨论："×××，你的桌子最乱了，地上还全是纸屑。""×××，你怎么好意思说我，你看看你的桌椅！"与此同时，一些脸皮薄的学生已经默默收拾起了自己的座位。眼前的这一幕是我未曾想到过的，却也让我有了新的思路。

在接下来的时间里，我只要没课就会带着手机在班级门外走动，遇上学生不在班级，就进班拍照，拍完就投屏在白板上。从此，我没有再对班级的卫生情况进行一句言语上的评判，但我镜头下的教室却一日比一日整洁。

我们常跟学生说"慢慢来""别着急"，但其实最着急的一直是我们。作为成年人，我们习惯以自己的思维及能力作为衡量标准去看待学生的成长，我们总是着急地跟他们要一个结果，在短时间内无法得到这个结果的时候，我们会生气，会怒吼，甚至会放弃。但其实建立规则、了解规则只是第一步，而规则真正发挥作用则有赖于有效的反馈机制。路虽远，行则将至。学生对于规则的遵守大部分体现在他们每天对自己越界行为的修正，所以教育从来都不是一蹴而就的，这本就是时间的艺术。

三、形成规则意识

如上文所述，有效的反馈机制能够有效地推动学生遵守规则。但如果一直依靠外界的反馈，遵守规则始终无法内化为学生的自主意识。当外界的反馈一旦消失，规则也会随之失效，我们最终也未能引导学生完成从他律到自律的转变。所以，如何帮助学生树立规则意识，是规则彻底代替说教的最后一环。

自从学部开始使用智慧屏，两边的白板也同步更换为黑板。这本不是什么新奇的事情，但在创意无限的学生眼中，这些无疑成为他们新的"游戏道具"。其中最常见的就是互丢粉笔头，甚至在没有粉笔头的时候，学生会创造性地量好长度，制作等长的粉笔头来"公平对抗"。

最初，我只将此事作为常规的行规问题进行处理，对这些学生进行一番简单的教育，并责令他们打扫教室作为惩罚。结果可想而知，收效甚微。在一次交流的过程中，有一个学生振振有词地反驳我："那些粉笔已经很短了，本来就是要扔的，我拿来玩属于废物利用，为什么不可以？"顺着他的话，我说："玩有很多种方式，你的这种方式……"我本打算从浪费公物、扰乱班级秩序的角度耐心劝导，但话还没说完，就听到他小声嘟囔了一句："就那么点大的东西，除了做'子弹'还能干点啥？"这一下子倒让我止住了话头，顿时脑海中浮现出了一辆坦克，一辆用子弹头拼成的坦克。我慢悠悠地笑道："当然还有别的玩法，你要不要试试？"我要求他在全学部范围内收集 200 个他认为已经是"废物"的粉笔头，并将这些粉笔头黏合起来。我告诉他，如果创作的"艺术作品"独具匠心，我会把这件作品在班级范围内进行展示。

受好奇心驱使，除了这位小"刺头"，班级也有两三个他的好朋友加入"艺术创作"的队伍。两周后，我收到了一个由粉笔头黏合而成的"齐天大圣"、一个"饱满"的正方体、一幅核废水"3D 流动示意图"。我惊叹于他们的心灵手巧，也为他们的想象力而折服。在那周的班会上，我邀请他们向全班同学介绍他们的艺术作品，并谈一谈创作过程中的感悟。小"刺头"着重讲述了"变废为宝"的过程，并认真反思了自己之前扔粉笔头的行为。在一片欢声笑语中，这件事情本该就此落下帷幕，但看着讲台上的"艺术作品"，我突然向全班同学提出了一个问题："粉笔头并非被制造出来就长成台上这些'艺术作品'的样子，而是被人为地黏合而成的。同学们类比一下，你在别人心目中的形象是否也是因为你生来就是如此呢？我为什么会认为 A 不靠谱、B 有责任心、C 很自私？这些印象是怎么形成的呢？"全班一下子安静了，大家都默默地看着讲台上的粉笔制品。

直至学期结束，我都一直在班级展出这几件粉笔制品，并仿照艺术馆的做法，在每件粉笔制品的旁边标注好创作者及创作意图。每当班级出现行规问题时，我就会陪这些学生一起站在这个展柜前。"你觉得你的这次行为是这些粉笔头中的哪一个？它凝聚成了你在别人心中什么样的形象呢？"

十几岁年纪的他们或许没有非常健全的是非对错的观念，但他们在意别人的目光。心有所戒，言有所畏，行有所止。规则意识自此生根发芽。

四、结语

规则的建立从不只是单纯地将我们所理解的规章制度告知学生，引导学生遵守规则也不等同于反复地批评与教育。纪伯伦在《致孩子》中写道："你可以庇护他们的身体，却不是他们的灵魂。因为他们的灵魂属于明天，属于你做梦也无法到达的明天。你可以拼尽全力，变得像他们一样，却不要让他们变得和你一样。"① 用规则意识代替说教，帮助学生接纳并自觉遵守规则。唯有明白教育不是灌输，而是点燃火焰，教育才会彰显其真正的意义。

---

① 纪伯伦. 致我们终将远离的子女［J］. 文苑（经典美文），2015（04）：37.

打造润泽的教室，激发教育的活力
——以预初班集体建设为例

蔡婉琴

摘　要： 润泽的教室是一种教育氛围，在这个教室里，每个人都能够得到大家的尊重，每个人都能在班级找到属于自己的位置。在轻松、具有安全感的环境中，教育活力才能被最大限度地激发。通过"让教室活起来"物质环境布置、"红绿黄牌"行为规范管理制度、"学习伙伴"学习团队建设、提升教师魅力落实赏识教育等系列活动，力求将班级打造成为润泽的教室，强化学生的主人翁意识，让每个人主动地为班级做贡献，激发自己的潜力，将内驱力转化为实际行动，形成正面积极的效应，从而实现最终的目标——在润泽的教室中，所有学生相互尊重，人人都有安全感，最大限度地激发教育的活力。

关键词： 润泽的教室　教育活力

　　初次接手预初年级，作为班主任，首先便是要了解学生特点，针对学生面临的问题，制定以学生发展为中心的班级管理目标。通过每天面对面交流、观察学生日常表现、与家长和任课教师常态化沟通了解到，预初年级意味着学生刚刚进入中学时代，除了有其他中学生的特点，如身心发展迅速、自我意识增强、意志力逐步加强等，在行为和心理上也表现出预初年级的个性。在行为上，他们喜欢新鲜事物，适应力较强，但注意力易分散，缺乏长期的毅力；从心理特点来看，他们有较强的整体意识、班级荣誉感和可塑造性，容易被调动的同时也因缺乏基本的判断力和辨别力而盲目跟风。

基于以上对预初年级学生的初步认识，根据华旭双语的发展理念——以学生发展为本，培养兼具独创精神、中国情怀和国际视野的世界公民，从而确定管理教育目标即打造润泽的教室，营造宁静温暖的教育氛围，努力做到为人端正，爱学生，将赏识教育落到实处，最大限度激发每个学生的潜力，让他们在预初一班找到属于自己的位置。

在润泽的教室中，师生安心地、轻松自如地构筑着人与人之间的关系，构筑着一种基本的信赖关系，在这种关系中，每个人的存在都能够得到尊重，得到承认。学生在宽松的氛围中充实地学习，能产生多种多样的想法，教学能够不失时机地展开。学生、教师以及参观者都能沉浸在心情舒畅的气氛中。

为了实现这一目标，我通过隐性教育的手段——文化育人、制度育人和活动育人，利用一切教育性因素，创设教育环境，有计划、有组织地采用隐蔽的方式，使受教育者在无意识的状态下主动接受教育，启发心灵，达到教育无痕的效果，最大限度激发教育活力。

一、营造支持性的环境，激发物理空间的活力

开学后，预初一班的教室干净整洁，设施设备一应俱全，唯独缺少了独特的教室文化。如何让学生一踏入教室就明确知道我们预初一班的目标，内化于心以及增强归属感，是我面临的第一大难题。苏霍姆林斯基曾说过："无论是种植花草树木，还是悬挂图片标语，或是利用墙报，我们都将从审美的高度深入规划，以便挖掘其潜移默化的育人功能，并最终连学校的墙壁也在说话。"

教室是天然的道德场，身处其中，受教育者不知不觉被濡化①。为了打造润泽教室，营造班级的墙壁文化是第一步，我利用了教室的每一处地方，让每一面墙壁都会说话，让每一个角落都会传情。首先，墙壁上张贴学校的教学理念和预初一班特色要求。其次，让学生发现自己的位置。将学生的高光时刻，如第一次上台演

① 佐藤学.静悄悄的革命［M］.李季湄，译.北京：教育科学出版社，2014：26.

讲、第一次表演乐器、第一次展示工艺品等的照片打印出来贴在后墙，学生能找到自己的照片并重温高光时刻。最后，调动学生的积极性，主动装饰班级。教室是学生的主要活动场所，我鼓励学生把自己创作的画或手工艺品放到班级，逐步打造属于自己的天地。班级的图书馆摆放学生的艺术作品和手工艺品，班级墙上悬挂学生的书法作品。充分运用教室物理空间的"变与不变"，渗透教育理念。根据班级每月主题，如"目标立志""高效学习""劳动责任""公益利他""感恩"更新教室门外宣传栏，向任课教师收集优秀学生作品定期更新优秀作品墙，根据学生每月进步表现更新荣誉墙等。社会主义核心价值观、《中学生日常行为规范》、班级红绿黄牌制度、学术诚信记录等悬挂在固定位置，不变更，让教室的每个角落都传递育人理念。

二、运用"红绿黄牌"行为管理机制，激发制度育人的活力

针对预初年级学生因缺乏基本的判断力和辨别力，容易盲目跟风的问题，培养学生的规则意识是当务之急。通过激发制度育人的活力，奖惩并举，让学生认同预初一班提倡什么样的行为，反对什么样的行为。

预初一班"红绿黄牌"行为管理机制灵感来源于足球场上的判罚制度：绿牌行为是值得鼓励的行为，黄牌行为是触犯班规的行为，红牌行为则是触犯校规等红线行为。该行为管理制度经过制订、执行、再制订、再执行的循环往复过程，现在仍在实践中不断完善。

首先，全班参与规则制订。通过两个星期的磨合，班级出现不少值得鼓励和需要批评的行为。在与学生日常谈话中，我引导学生思考为什么足球场上会有规则，黄牌和红牌各自代表什么意思。经过一段时间酝酿，在制订班规的主题班会上，学生踊跃回答。每个学生写两件事：一件是班级最值得鼓励的行为，另一件是班级最严重的问题。通过汇总，我将班级事项归为四类：学业、纪律、举止、责任。和学生共同完善各类行为规则，最终确定 20 条具体的细则，并和学生共同讨论各类行为的奖励和惩罚。

其次，了解"红绿黄牌"行为细则。将"红绿黄牌"行为管理制度打印出来并让所有学生认真阅读签字，带回家让家长共同阅读并签字，认同班级管理制度。

再次，班委参与完善"红绿黄牌"行为细则。根据实际情况，班委建议修改部

分细则，与全班同学讨论后，确定修改方案。

最后，所有任课教师和班委参与执行。制度是人制定的，也是人来执行的。为了避免制度成为一纸空文，需要公正地执行制度。卫生部分由每日值日组长负责，生活委员负责监督；学业上，各科课代表根据每天作业情况以及征询老师上课表现意见发放绿牌、黄牌；活动及班级各类志愿服务由班长负责发放绿牌、黄牌。另外，每个学生都有给其他同学绿牌的权利，鼓励学生善于发现身边的美，养成互帮互助的良好习惯。我负责所有的统计和汇总，每周汇总一次，并将每个学生的所有表现制作好贴在家校联系本上，及时反馈给家长，让家长配合共同教育。

三、打造伙伴团队，激发朋辈影响的活力

亚里士多德说："能独自生活的人，不是野兽就是上帝。"人不是抽象的、独立的，而是需要在与人交流互动中寻找参照，认识自己，了解自己。人际交往中蕴含丰富的教育资源。上文提到预初年级学生容易被调动，喜欢跟风，为此我努力在预初一班利用朋辈资源，形成积极向上的集体态势，在学科学习和值日中引入团队激励活动，发挥朋辈之间非权力性的影响。

一是英语的学习伙伴活动。针对一次小测结果，让学生写反思并写下"谁能帮助我"，汇总后我根据每个人的成绩及性格特点，帮他们写下建议的名单，随后他们根据自己的想法和我的建议与同学组成学习伙伴，平时帮助默写、英语阅读、口语训练。

二是数学的学习团队活动。根据一个月的小测成绩，结合数学老师的建议，我决定将学生分为五组，每组组员由优秀、中等和后进的学生组成，我给每个学生不同的标识，公布组队规则即每队必须包括何种标识，他们根据个人的兴趣和与同学的关系组建团队，这样既保证团队可竞争性同时也保障学生的自由选择权利。每组的前两名为组长，负责督促及辅导小组成员每天的数学订正、考试分析等。每周一公布数学团队冠军，以此鼓励学生。

三是每天值日团队。卫生区域责任落实到个人，其他公共区域由每天的值日团队负责，队长召集值日成员，安排任务，锻炼领导力。每周表现最佳的值日团队有绿牌鼓励，最不尽责的团队予以黄牌警告。

在团队中，同学们互相借鉴、互相学习，有的同学在团队中能较好地发挥领导作用，有的同学明白妥协、配合的重要性。通过团队合作的方式，发挥学生的潜力。除了良性竞争外，我们还启动了如"你的最佳班级我来守护""让我为你鼓掌一分钟""你其实可以做得更好""让我帮助你实现计划"等活动，打造同学之间良好的伙伴关系，大家彼此信任，充满关怀与友爱。在这样的氛围中，教育更能发挥活力。

四、提升班主任魅力，发挥赏识教育的活力

亲其师，重其道。预初年级的学生具有很强的向师性。班主任是学生在学校的第一负责人，只有内心充盈，才能够培养学生丰富的情感，让学生感受到温暖和爱。提升班主任魅力在于真正关注学生的内在需求，尊重学生、关心学生、热爱学生，当班主任的人格魅力显现，赏识教育发挥活力，学生才会更好地接受引导，达到"桃李不言，下自成蹊"的效果。[①]

每天鼓励一个学生。一日之计在于晨，我希望每一天都是以鼓励开始的。所以除了和他们一起早读，我会利用一分钟的时间表扬班里的一位同学，不管他是因为早读认真、晚自习认真、课代表尽责，还是帮助他人等，都值得被肯定和鼓励。

每天放学后关心每个学生的一天。放学时刻总是十分匆忙，我会留下来检查每个学生的作业记录，提醒经常忘记作业的学生，观察学生的表情和举止，如果有心事的话及时与之沟通解决。一天结束后的总结很重要，也是检查学生今天是否有收获的好时机。抓住教育契机，及时引导学生。学生大部分时间是在上课，班主任很少有机会与他们个别沟通，我会利用午餐时间与个别学生谈心，晚自习后与个别学生打篮球、打羽毛球，及时掌握他们的思想动态。万一有突发事件，我可以及时介入，将危机转化为教育契机。

除此之外，班主任还需要不断更新教育观念，不断总结带班过程中的学生事件，思考并实践符合学生成长规律和需求的教育活动。[②]针对上一学年学生暴露出

---

① 罗恩·克拉克.优秀是教出来的：创造教育奇迹的 55 个细节（白金版）[M].汪颖，译.北京：电子工业出版社，2017：58.
② 杜时忠.人文教育与制度德育[M].合肥：安徽教育出版社，2012：293.

的问题，我思考如何帮助畏惧困难及习得性无助的学生重拾学习的信心，增强自我效能感。我经常设计一些凸显价值的学习活动，让学生在有趣、有用的学习任务中增强信心。

为了打造润泽的教室，我利用"让教室活起来"物理空间布置、"红绿黄牌"行为规范管理制度、"学习伙伴"学习团队建设、提升教师魅力落实赏识教育等系列活动，最大限度地激发教育的活力，坚持以学生发展为中心，满足学生的需求。我看到了学生的积极改变，如主动设计班级吉祥物、完善作业布置表；学生集体意识增强，在运动会中为了班级努力拼搏，在志愿团队、后勤团队以及全体运动员的努力下，拿到了运动会预初年级第一名；在不同团队中，学生找到自己的位置，得到老师的鼓励和赏识后，动力增强，无论在学业还是与人相处中都有积极改变。每个学生逐渐找到属于自己的位置，在宽松的氛围中感受到尊重和安全。

方向比努力更重要。通过实行一系列活动，暴露出班级管理的很多问题，距离目标还有一段距离，需要吸取经验教训不断改进。首先，知其心，然后能救其失也。在与学生交流的过程中，我对学生的心理了解得不够深入，只是停留于纠正学生的表层行为，治标不治本，没有在问题恶化之前解决问题。在以后的工作中，我会寻找合适的时间，和学生谈心，沟通问题并及时解决问题。其次，惩罚不够严厉。"学生喜欢有安全感，愿意有一个权威来控制局面。有些教师为了赢得学生的好感，对待他们过于宽松，结果却适得其反。一开始教师或许会赢得学生们的喜欢，但到最后往往就失去了他们的敬意。"[1] 怎样让学生在舒适和规则中找到一个平衡点，是我面临的最大的问题。在以后的管理中，我会努力做到如弗洛姆说的，"给予学生母性的无条件的安全的爱，同时又要有父性的规则和严厉，严慈并济"。给学生惩罚是希望他们能在惩罚中更好地约束自己。

也许我的教育方法单一，管理智慧不够，但是爱学生的能力我已经具备。我相信一个洋溢着信任的阳光、充满着家的味道、秩序井然、活力四射的教室必然是一个润泽的教室。在这样的教室里，生命的能量和渴望被最大限度地开启，教育的活力被最大限度地激发，一切以学生为中心的活动井然开展。

---

 ① 苏霍姆林斯基.给教师的建议［M］.杜殿坤，译.北京：教育科学出版社，1984：136.

旭日繁花百样荣

——以 G10 Blue Rose 班为例，浅论班主任育人方略

杨曦烨

摘 要： 本文主要阐述了笔者在带 G10 Blue Rose 班时，是如何使用正确的育人理念和教育方法的。本文首先介绍了上海华旭双语学校班主任的使命和教育理念，以及 G10 Blue Rose 班在学术上的挑战。接着，笔者详细描述了班级的特点和学生的情况，以及面临的问题和挑战。接下来的部分，笔者分享了自己的育人理念和教育策略，包括培养全面发展、自我激励和团队合作精神等方面。最后，笔者强调通过实践和关怀，帮助学生树立正确的人生观和价值观，并愿意成为学生成长路上的支持者和引导者。

关键词： 全人教育 终身教育 班主任

一、一朵带刺的"蓝玫瑰"

对于班主任来说，如何采用正确的育人理念、使用适当的教育方法帮助每个学生充分提升自身的价值和能力，进而让其能在高中阶段发现兴趣点和未来的发展方向，最终能申请到一所与其自身特点和能力相匹配的优秀大学，是每名班主任最至关重要的使命。上海华旭双语学校始终坚持以爱的教育为学生的幸福人生奠基，致力于通过提升教师职业素质、培养具有专业特征的新生代教师来为学生提供国际最

先进的教育。上海华旭双语学校高中部有很多充满魅力和特色不一的班级。笔者所带的 G10 Blue Rose 班，是一个充满蓬勃活力和无尽潜能的班集体。但正如蓝玫瑰的花语一样，不付出极大努力就想带好 G10 Blue Rose 班，就像是完成一件不可能的事，需要克服重重困难才能到达理想的彼岸。

刚开始接手 G10 Blue Rose 班的时候，笔者心里充满了担忧。全班一共 17 名学生，没有一名学生的单科成绩可以排在全年级中游之上。特别是英语成绩，都只在及格线附近徘徊。对于即将接受国际 IB 和 A Level 课程的学生来说，这显然是一个不利的局面。然而，上海华旭双语学校过往长达十年的辛苦建校历程展现了华旭双语班主任们的一项特质——从不轻言放弃。每一位班主任都怀着对教育的热爱和师道的情怀，在教育中倾注了心血和汗水，用真心教育和关怀每个学生，对每个学生都力图做到因材施教。经过辛勤的努力，教师的贡献如同一幅五彩斑斓的成长画卷，为学校增添了浓墨重彩的成就。

于是，笔者静下心来重新对学生的特点进行了认真的调查和分析。这个过程让我重新认识了学生，也带来了一些惊喜。在开学第一个星期的班会上，学生的自我介绍和交流让我惊讶地发现：三分之一的学生具有文艺特长；三名学生具有丰富的班级管理经验和极强的活动参与积极性，可以为班级凝聚力和团队精神注入新的活力；80% 的学生展现出了较高的学习英语的积极性。

与此同时，在与学生家长和各科教师的沟通中，笔者也发现了一些令人担忧的问题。学生在理科方面普遍表现较差，他们面对这类挑战时常常会有畏难情绪，缺乏应对压力的能力和团队合作意识，眼光也比较短浅。此外，学生对电子设备的过度依赖和成瘾性很强，缺乏自我控制能力。他们还缺乏正确的学习习惯和方法，遇到问题时，总会用"我之所以没有考好只是因为我没有努力，只要我努力就能学会"等话语来安慰自己。这些让笔者认识到 G10 Blue Rose 班是一个拥有远超其表面实力的班集体，唯一的问题是：如何帮助学生扬长避短？

什么是正确的育人思路，什么是错误的教育观点，这是摆在每一名班主任面前的首要问题。上海华旭双语学校在过去十年间校风好、教风正、目标唯一——努力提高教育教学质量，创办优质教育，全心为学生服务，办好人民满意的学校。笔者也是在这里学习和实践出了适合 G10 Blue Rose 班的育人理念和教学方法。

二、旭日照前途

上海华旭双语学校作为一所优秀的国际 IB 课程学校，秉持着以学生为核心，注重培养学生的综合能力、国际视野、批判性思维和社会责任感，旨在为学生的未来成功和全面发展提供坚实基础的教育理念。笔者在认真学习 IB 课程育人理念的同时，也对国内外教育学者在育人思想上的研究进行了总结。

宋兵波认为，实现我国高中教育在新世纪的深入改革与创新发展，需要明确其独特的价值追求。高中教育应从短视的功利化转向长远的价值性教育，从升学与就业教育转向综合化全人教育，从比较人性的教育转向完满人性与美好人生的教育。[1]

张新萍等则提出了动商理论的概念，将其融入智商、情商理论，构建了一个三商一体的全人发展理论，为培养全面人才奠定了理论基础。[2]

王雅文认为，高中教育不仅仅是学科知识的学习，也是终身教育中综合素养培育的一部分。职业生涯教育的知识与能力将填补目前高中在这方面的空白。[3]

这些研究表明，如果想要做好 G10 Blue Rose 班的带班育人工作，笔者可以在班级管理中明确树立正确的价值追求，借鉴跨学科的知识体系，注重学生的生涯教育，同时关注国际经验与教育实践，以此为基础推动班级教育工作不断完善与提升。经过对班级情况的反复研究和各种育人理念的思考，笔者在开学的第二个星期确定了以下带班育人的教育原则和策略：

首先，以"全人教育"和"终身教育"为基本育人理念。这意味着不仅要关注学生学业成绩，更要培养他们的品德修养、社会责任感和终身学习意识，使其能够全面发展、持续成长。

其次，以培养学生学会自我激励、自我管理、自我实现为核心目的。这意味着要帮助学生树立正确的目标观念，激发他们内在的动力和潜能，培养他们自律、自

① 宋兵波.我国高中教育改革价值取向：综合化全人教育［J］.中国教育学刊，2011（04）：13—16.
② 张新萍，王宗平.建构智商、情商、动商三商一体的全人发展理论体系［J］.南京理工大学学报（社会科学版），2015，28（05）：26—31.
③ 王雅文.普通高中职业生涯教育现状和对策研究［D］.上海：华东师范大学，2014.

信和自立的品质，让他们能够主动地面对学习和生活中的各种挑战。

最后，依托家校共建和评优争先，帮助学生探索前进方向、树立人生目标、挑战自身极限，利用有限但激扬的青春来实现自己的发展和成功。这意味着要建立起学校和家庭良好的合作关系，为学生提供多样化的发展平台和资源支持，激励他们不断追求卓越、勇攀高峰。

基于以上教育原则和策略，笔者先让学生自主成立班级管理团队。在开学后的第一个月内，学生经过充分的相互了解和交流之后，笔者鼓励他们进行班级管理团队的选举和组建。经过投票选举，三名有管理经验和积极性的同学被选为核心管理人员。在随后举行的第一次班会上，每个学生都得到了表达意见和建议的机会，共同制定了班级规章制度，并确定了班级的代表性歌曲，为创建集体荣誉感和归属感打下了基础。

接下来，笔者召开了"我为自己设目标"的主题班会。在这次班会上，笔者引导学生思考自己的短期和长期目标，并通过互动讨论和个人规划，帮助他们明确未来的发展方向和学习目标。同时，学校的升学指导办公室也为学生提供了专业的指导和支持，帮助他们进行学涯规划和大学目标的初步选定。

最后，笔者和学生一起为整个班级设定了全班学生共有的短期和长期奋斗目标。短期目标是：在高一结束时，学生的英语成绩力争达到雅思成绩 7 分或托福成绩 100 分；长期目标是：在高三毕业时，每个学生都能找到自己人生的方向，并成功考取理想的大学。通过这些共同的目标，G10 Blue Rose 班在第一学期上半学期时形成了团结一致、上下同心的学习氛围，激励着学生为梦想努力奋斗，共同追求卓越。

三、有花堪折直须折

如果仅靠在开学时设立了目标、创造了学习氛围就想把 G10 Blue Rose 这朵"蓝玫瑰"摘下，无异于只对未来充满希望，却不脚踏实地去完成每一天、每一周、每一个月的带班育人工作。

每天清晨，当第一缕阳光穿透教室的窗帘，洒在学生的书桌上时，笔者便与全班学生一同迎接新的一天。每到七点四十五分的预备自习时间，笔者便开始带领全班学生一起唱响《歌唱祖国》。一开始，学生对这一活动并不了解，甚至有些抗拒，不理解为何要唱歌以及把手放在胸前。然而，笔者始终坚信这不仅是一首歌曲，更是表达了对祖国的热爱和责任。通过向他们介绍这首歌曲的背景和意义，他们逐渐理解并接受了这一活动。在歌声中，他们感受到了祖国的伟大，也明白了自己作为祖国未来的建设者所肩负的责任。这不仅是简单的歌唱，更是一次爱国情怀的陶冶，一次人格品质的熏陶。

中午时分，笔者会组织学生在教室内进行五分钟的搏击操练习。随着激情四溢的音乐响起，学生随着节奏挥洒汗水，释放自己的活力。每一个击打动作都如同一道清风，吹走了一上午的疲惫，为他们带来了全新的活力。这个过程不仅仅是简单的锻炼，更是一次心灵的洗礼和意志的磨砺。通过坚持不懈的自我挑战，他们不仅学会了如何克服困难，更培养了坚韧不拔的意志和不屈不挠的精神。拥有强健的身体是承受压力的基础，而坚韧的意志则是战胜困难的关键。在这个过程中，学生不仅能够增强体质，也在加深彼此之间的情感联系，从而共同打造一个团结奋进的班集体。

为了培养好一群过度依赖电子设备、缺乏自我控制能力的学生，需要着眼于日常的细节和纪律。笔者采用了量化考核的方法，每天都会从学生完成作业、上课表现、着装整洁、遵守纪律等方面对学生进行评估，并给予相应的打分。这种方法不仅能够帮助学生建立良好的学习和行为习惯，也能够激励他们自我提升。每周五，笔者会将学生的表现汇总整理，并撰写《家长告知书》，将每个学生的情况及时反馈给家长，促进家校之间的良好沟通与合作。这种家校联动的做法不仅有助于学生的全面发展，也增强了家长对孩子学习和生活的关注和支持，形成了良性循环。

学生的另一个重要问题是缺乏正确的学习习惯和方法，这是影响他们学习效率的重要因素。为了帮助学生养成良好的学习习惯，笔者制定了一系列针对个体差异的学习指导方案，并定期进行跟踪和指导。每个月，笔者还会根据当月学生表现的分数评选出一名表现最佳的学生和三名进步最大的学生，并给予表彰。这种积极正面的激励措施不仅是对学生努力的肯定，更是激励他们继续前进的动力。

而在与问题学生沟通时，教授经济学的笔者尽量不使用学生厌烦的"鸡汤"和大道理，而是使用他们需要学习和能够真实感受到经济学原理和有趣的效应。通过解释机会成本原理来教育学生如何在游戏和学习之间做出正确的选择，引导学生思考每个决定的机会成本，即放弃了什么来选择当前的行动。这也让一部分学生认识到了时间和资源的有限性，从而更加珍惜每一个机会，避免浪费时间和精力在无意义的活动上。而当学生在做出不理性的短期行为（如周末玩游戏到凌晨三点）时，笔者教导学生如何使用成本收益分析法来正确评估不同选择的长期影响，从而不受短期利益的诱惑。

四、赠人玫瑰手有余香

在培育 G10 Blue Rose 班中，笔者通过精心设计的教育计划和关怀，帮助学生树立正确的人生观和价值观。笔者期待以自己的行动示范出尊重、关爱和理解，在潜移默化中影响学生的思想和行为，启发学生的内在潜能，鼓励他们发挥自己的特长，追求内心的梦想，使每一朵"玫瑰"在绚丽中绽放，散发出独特的芬芳。在学生的成长路上，笔者愿意扮演坚强的支撑者和引导者的角色，不计回报地给予关怀和支持，帮助学生克服困难，战胜挑战。笔者也愿意通过丰富多彩的活动和课堂教学，丰富学生的知识和阅历，培养他们的综合素养和创新能力，让学生像玫瑰一样，散发着鲜艳的色彩，为世界呈现出一幅幅丰富多彩的人生画卷。

笔者在 G10 Blue Rose 班的班主任工作就像是"赠人玫瑰，手有余香"。希望在学生的心中种下爱与希望的种子，使他们永远怀抱着对美好未来的憧憬和向往。付出和关怀将伴随学生一生，成为他们成长道路上的宝贵财富，激励着他们勇往直前，努力实现自己的人生价值。

毕业班支持型班主任工作实践
——以上海华旭双语学校 2024 届 A、B、C 班 十二年级第一学期为例

杨子青　何思佳　郁　龙

摘　要： 本文旨在探讨高中毕业班班主任在班级管理中的角色、策略与实践。通过深入分析当前毕业班班级管理的挑战和着力点，提出了一系列有效的班级管理方法，并结合实际案例进行了验证。研究结果表明，毕业班班主任在班级管理中应发挥引领、协调、激励等多重角色，通过个性化管理、情感关怀、团队协作等方式，提升班级甚至整个年级的整体效能，助力学生顺利毕业。

关键词： 班主任　毕业班　个体需求

一、引言

　　班主任是学生健康成长的引领者，要努力成为中小学生的人生导师。毕业班是高中教育的重要阶段，师生都面临着升学、大考等多重压力。作为毕业班班主任，如何有效管理班级，提高学生的学习效率，促进学生的全面发展，是摆在我们面前的重要议题。因此，本文对毕业班班主任的班级管理策略与实践进行研究，以期为今后的毕业班工作提供有益的参考。

二、毕业班班级管理的挑战与着力点

（一）毕业班班级管理的挑战

十二年级开学后第一学期，学生需要经历两次大的模考，以及准备自己申请大学的相关文书等，所以毕业班学生面临着升学压力、心理波动、学习疲劳等问题，班级管理难度在这一学期里逐渐加大。

（二）毕业班班级管理的着力点

毕业班学生具有较强的自主学习能力和团队协作能力，家长和教师都更加了解这一阶段学生的具体需求，为班级管理的有效实施提供了有利条件。

三、毕业班班主任的班级工作方向

（一）个性化管理

针对学生的不同特点，以及所申请的大学的不同要求、不同条件，制订个性化的管理方案，与这一学期内的重大学术活动同频共振，激发学生的学习兴趣和积极性。

（二）情感关怀

在这一阶段，比起学术成就，我们更应该关注学生的心理健康，加强与学生的沟通交流，帮助学生缓解压力，增强自信心。

（三）团队协作

鼓励学生加强师生之间和生生之间的合作与交流，形成良好的学习氛围，提高班级凝聚力，营造一个更加团结和支持的校园环境。

四、实践案例分析

本文选取了三个毕业班班级管理案例，通过对其中心思想、实施过程及效果的深入分析，验证了上述班级管理策略的有效性。

（一）个别指导

学生的申请方向、选课组合和成绩水平不同，所以整个年级没有完全相同诉求的学生。在这一学期里，每个学生至少参与了两次教师和升学指导办公室共同组织的会议，帮助他们准确定位自己的学习目标，让他们对申请工作做到心中有数。这项工作虽然烦琐但是极其有效，能够让每个学生在沟通中找到方向和内驱动力，从根本上解决学习态度问题。班主任多次开展十二年级主题班会活动和家长座谈会，从学生现阶段的发展出发讨论如何更好地支持他们的学习和生活。在充分沟通的前提下，每个学生的学习规划和他们的学习状态都能够得到个体化的支持，这为他们面对挑战提供了坚实的支持。

（二）关怀与支持

作为毕业生的班主任，我们认为在这一阶段关注学生的情感需求和心理健康是工作重心，定期进行情感交流和心理辅导是当务之急。班主任或心理辅导教师在这一学期多次与学生进行一对一的谈话，不谈学习，不谈大学，仅了解他们的困惑和烦恼，并在这个对话的基础上提供适当的建议和帮助。此外，在这一学期里，按照每月主题组织班级活动，也能够帮助大家更好地掌握学习节奏，做到张弛有度，营造积极向上的班级氛围，增进同学之间的友谊和信任。根据家长和教师的观察，学生在这一阶段表现出不同程度的紧张、焦虑、入睡困难等由于学习强度加大导致的不适，根据心理教师的建议，班主任在这一学期安排了寻根之旅、漫步式班会及瑜伽呼吸课堂等各种专门针对毕业班级的活动。通过这些举措，学生普遍能够跟着集体的节奏学会张弛有度地安排自己的时间表，最重要的是，他们表示能够感受到校园内所有人都在支持毕业班级的学习和生活，感受到了来自家庭和学校的温暖和关爱。

（三）用体验感带动正向教育

毕业班级逐渐退出学校各个活动，因为他们需要专心准备大考及申请大学相关事宜，但鼓励学生继续在不同领域展示自己的才能和成果，能够起到意料之外的效果。跟以往不同的是，在这一学期里，十二年级的学生在教师的指导下继续参加各自的社团活动，有的学生走进低年级学生的班级里去介绍他们的申请目标，有的学生远赴外地去参加全国学术竞赛，有的学生坚持每周两次篮球训练，有的学生参加了戏剧节并在里面担任主要角色扮演者。丰富多彩的生活让他们对自己的能力有不同维度的认知，能够让他们在各自的社群里得到激励和认可。在这个过程中，教师的正向鼓励、对学生发展的肯定与欣赏，比形式化或浮于表面的称赞更加重要。

这些实例都体现了毕业班班级管理的核心，即关注每个学生的独特需求，提供适合他们的教育资源和支持，帮助他们保持情绪稳定，实现全面发展。当然，具体的实施方式还需要根据实际情况进行调整和完善。

五、结论与展望

通过实践，我们得出以下结论：尽管我们在这一阶段无法回避学术成就的重要性，但班主任的工作重心在毕业阶段应当有所调整，要在班级管理中发挥多重角色，通过个性化管理、情感关怀、团队协作等方式，提升班级整体效能，这样的高要求应该通过不同的实操过程落到实处，否则可能会使得这个阶段的学生面临不可预料的情绪波动和压力。同时，我们也认识到，班级管理是一个持续优化的过程，需要班主任不断总结经验，创新管理方法。随着教育理念的更新和技术的进步，毕业班班级管理将面临更多的挑战和机遇。因此，我们建议毕业班班主任继续加强学习，提高专业素养，不断探索适应新时代要求的班级管理策略，为学生的全面发展创造更好的条件。

六、建议与对策

一是提升班主任的专业素养，定期参加班主任工作培训，提升自我在班级管理、心理辅导、教育教学等方面的能力，更好地应对毕业班班级管理的挑战。

二是强化家校合作，加强与家长的沟通与合作，共同关注学生的成长和发展，形成教育合力，提升班级管理效果。

三是创新班级管理方式，借助现代技术手段，如信息化管理平台、在线教育工具等，提高班级管理的效率和效果。

四是建立学生的自主内驱力。丰富的生活和学习体验可以为学生开发更多的潜能，也能为他们找到自己的发展方向奠定基础。身为班主任，不应只关注学生学术能力的发展，更要发挥对学生未来发展方向的导向作用。

七、结语

真正的教育是对于更美好自我的发现过程[①]，而毕业班班主任的班级管理更是一项复杂而重要的工作，需要班主任具备丰富的教育经验、深厚的专业素养和敏锐的洞察力。教师尤其是班主任的作用应该是用有效的脚手架工具帮助学生发展更多的能力。[②] 通过本文的研究，我们希望能够为毕业班班主任提供有益的参考和启示，推动班级管理工作不断进步和发展。同时，我们也期待更多的教育工作者能够关注毕业班班级管理这一领域，共同为学生的成长和发展贡献力量。

---

① 钱旭红. 未来无限［M］. 上海：上海人民出版社，2021.
② The Glossary of Education Reform. Scaffolding［EB/OL］.（2015-04-05）［2024-03-21］. https://www.edglossary.org/scaffolding/.

IN a Silent Way

包容接纳

守护每一位天使

在当前教育改革和社会发展的背景下，融合教育作为一种包容性教育模式，正逐渐成为教育发展的趋势。为主流学校有额外教育需求的学生提供个别化教育与相关服务，符合融合教育的理念，也是国际教育研究的一个重要领域。融合教育不仅意味着有个别教育需求的学生与同龄伙伴在同一所学校或班级中共同学习，更重要的是可以实现不同需求学生之间的互相理解、尊重和支持，从而为所有学生提供平等和个性化的学习机会。研究表明，让有个别教育需求的学生进入课堂，可以培养普通学生开放、包容的心态，在其步入社会后更能够理解和尊重多样性。

上海华旭双语学校作为一所结合中西教育理念的国际化双语学校，致力于提供适合每一个学生全面发展的优质现代教育。学校以"成为影响世界的中国学校"为愿景，注重学生的全面发展和终身学习能力培养。我们的教育体现优质、融合、多元和关爱四个显著特征。华旭双语学校的所有教师和员工引导并服务于学生健康快乐成长的目标，并关注其终身发展。我们关注学生成长过程中生理、心理的变化，关注学生个性、品质的养成，关注学生修养身心及认知境界的提升，引导学生积极协调个人与自身、与他人、与社会、与自然的关系。

对于有个别教育需求的学生，我们理解、接受和尊重个体差异，甚至欣赏差异。我们发掘他们的潜力，把学生之间的能力差异作为协作学习的基础，创造互动的学习环境，使学生之间能发现彼此的长处，从而互相接纳、互相尊重和互相欣赏，促进学校多元、融合的氛围。在共融的校园文化下，学校搭建融合教育学生成长体系，通过"三层支持模式"给予学生不同层级的支持。第一层支持是通过优化课堂教学及学习环境满足学生的学习及适应需要，通常适用于有轻微或短暂学习困难以及适应困难的学生。对于有更多需求的学生，特殊教育协调员组织第二层支持，即安排额外的辅导支持，例如社交技能训练、沟通技能训练等。特殊教育教师与普通教师帮助学生在第二层支持中将习得的知识与技能应用在普通课堂中。第三层支持是为有严重学习困难及适应困难的学生提供个别化的加强支援，例如配备影子教师。最后，通过制订个别化学习计划，三层支持环环相扣，教师也将在普通课堂提供机会让学生应用及练习在第二层、第三层支持中习得的知识和技能，确保整体支持的有效性，从而托举每个学生的个性化成长。

华旭双语不仅能够为有个别教育需求的学生提供更优质的教育服务，也能为所有学生营造一个更加包容和多元的学习环境。学校的融合教育实践为同类型学校提供了参考和启示，有助于推动融合教育在更广泛的范围内得到有效实施和发展。

让爱呵护"蓝玫瑰"

杨曦烨

一、初见责任

开学几个月以后，面对着飘扬的国旗，X同学还是会回想起妈妈带她来华旭双语学校报到的那个上午。也正是那个上午，作为G10 Blue Rose班班主任的笔者第一次见到了X同学。笔者清楚地记得，在开学第一天，X同学显得有些拘谨，她的目光闪烁着羞涩和紧张，仿佛还不知道如何适应新的学校环境。在她慌乱地搬着行李，急急忙忙地去完成报到注册手续时，她的妈妈一直寸步不离地陪伴在她身旁，和她一起收拾宿舍、清点校服，似乎担心她不适应新学校的生活，也流露出对X同学深深的母爱。

作为班主任，笔者深深明白自己的责任远不止于传授知识，更重要的是为每个学生创造一个充满爱与关怀的学习环境，让他们都能茁壮成长。育人很多时候不仅仅是简单的传授知识和技能。在X同学妈妈关切的目光中，笔者做出了一个郑重的承诺："请您放心将孩子交给我，我会用爱心和专业帮助孩子度过最重要的高中三年。"

二、挑战与希望

这一承诺说出去容易，但要想真正实现却很难。在阳光明媚的华旭校园里，学生对学期初的衔接课程充满了期待和激动。但这一切对于 X 同学，却不只是一个新旅程的起点。笔者看到她在周围熙熙攘攘的同学中显得十分拘谨和不安。当他们都在热情地互相介绍和了解彼此的特点和爱好时，X 同学总是安静地躲在人群的后面，生怕有人会发现她的存在。衔接课程的最后一天有一项活动，希望学生在一个轻松的环境中用画笔分享每个人对未来生活和学习的想象。学生坐在地上挥舞着画笔，肆意勾勒出自己对未来人生轨迹的畅想，完成后按顺序面带笑容地向众人阐述自己畅想的未来。此时，X 同学眼神充满了担忧，只是匆匆画下几笔，然后用寥寥数言就结束了自己的发言，仿佛害怕与别人分享自己的理想，更害怕有同学会向她提出她无法回答的问题。

在正式开学后的两周里，X 同学的表现更加引起了笔者的担心。首先，X 同学对新学校环境和陌生的新同学总是感到担心和紧张。在课间和午餐时间，她总是选择独自一人，不敢与其他同学交流。她的眼神带着恐慌，不时流露出孤独的表情，这让其他同学难以接近她。其次，她在课程学习方面也出现了一些问题。新学校的双语教学方法和学科要求与她之前的学校有所不同，这让她感到十分不适应。一些教师反映 X 同学无法跟上一些新开设的课程。这也导致 X 同学在课堂上缺乏积极性，不愿意主动参与课堂活动。最后，X 同学在和外教交流中也存在紧张的表现。不得不说，这些外教对学生的学习热情和态度要求很高，对学生的学习成果期望也更大。她感到自己难以满足这些期望，在遇到困难时不敢提出问题或请求帮助。这种紧张情绪影响了她与老师的互动，也使她在学业上更加焦虑。

如果她不能在短时间内很好地适应学校生活，那么不仅她未来三年的发展会很不顺，而且对于构建一个和谐友爱的班级也将有阻碍。这一问题的出现让笔者十分苦恼。正当笔者苦思冥想如何帮助她的时候，德育校长助理刘益君老师的一席话给了笔者破局的思路："必须设身处地认识和了解学生、正确处理与学生的关系，才能更好地教育学生。"

三、用行动消弭困难

刘老师的一番话点醒了笔者。为了更好地认识、了解 X 同学的过去和家庭环境，笔者在之后实施了以下沟通方法。

首先，笔者与 X 同学的家长进行了两次电话沟通以及一次面谈。在这个过程中，笔者发现 X 同学从小孤僻的性格造成了她不太容易和新朋友交流，难以融入新的集体。

接下来，笔者借助班会开展一些有趣的游戏，如展示才艺、真心话大冒险，让全班同学对彼此有了深入的了解。在这个过程中，X 同学逐渐放下了心理防备，愿意和老师、同学建立更深的联系。通过这些互动，笔者逐渐了解到她目前在宿舍中遇到的问题，以及她在学习上所面临的挑战。

基于这些了解，笔者采用了以下三种教学方法，旨在帮助 X 同学转变学习态度和改善交流行为。

一是每天坚持做一件积极小事。笔者鼓励全班同学每天坚持做一件积极小事——每天坚持背 20 个单词，并组队接受提问来获得奖励，旨在培养坚持不懈和勇于挑战自我的精神。这个活动的目的是让 X 同学积极参与班级生活，并建立一种集体精神，在挑战自我的同时让性格变得更加积极向上。

二是录制生日视频。让全班同学为当天过生日的同学录制祝福视频，并剪辑成一个创意视频。这个行为主要帮助学生建立其在班级中的归属感。通过这样一个简单而有意义的方式，笔者希望能将关爱传递给包括 X 同学在内的每个学生。

三是学生主导教室装饰。在中秋节和国庆节到来之前，笔者将教室的装饰任务分给了全班同学，让他们按照自己喜欢的风格进行装饰，从而使教室更加温馨和有趣。X 同学在这个活动中主动提出将每个人的照片组成心形贴在墙上，这样就能让爱和关怀充满整个教室。于是，笔者让她来搜集同学的照片，并由她主导完成这个部分的装饰创意。当看到她下课后和同学沟通搜集照片时，笔者知道她已经在这个活动中初步消除了紧张和焦虑的情绪，并开始尝试融入班级。

这些活动不仅是对 X 同学的支持，也是对整个班级文化的培养。X 同学逐渐开始融入学校生活，改善了学习态度，并更加自信地与同学交流。

四、"蓝玫瑰"的成长与绽放

为了让 X 同学加速融入学校生活和帮助她接受挑战，笔者在开学后的第四周申请由我班举行全校的升旗仪式，并推荐让 X 同学完成在国旗下的演讲。由于她从未在很多人面前进行公开的演讲，她一开始便拒绝了笔者的提议，还有点胆怯和抱怨地说："老师，这个太难了。而且我都已经完成那么多教室装饰任务了，您换别人演讲吧。"但在笔者和她家人的反复鼓励和指导下，她终于克服了紧张和害怕的情绪，在周一的早上用坚定的声音和自信的表现，成功地向全校师生发表了演讲。她的演讲不仅深深感染了在场的人，还表明她已经和那个紧张、惶恐的自己做了告别。

在这之后的音乐选修课上，老师希望同学将自己的乐器演奏录制成视频作为成果展示。这时，X同学展示出了她对视频剪辑和制作的兴趣。她为班上新交的朋友制作了一个精彩的小提琴演奏的视频，用新奇的构思和巧妙的剪辑展示朋友卓越的小提琴演奏技术。这个视频不仅在班级内部赢得了赞誉，还在班级家长群里广受好评。笔者仍然记得她在受到同学夸奖时的灿烂笑容，那一刻她是如此自信。

五、收获与未来

在高中的第一个学年里，X同学身上出现了令人惊喜的变化，这让她的家人和每一位教师都欢欣鼓舞。在这段时间里，X同学不仅收获了新的技能和体验，而且增强了自信心和团队精神。班级的其他同学也变得更加团结，她和其他同学一样变得更加敢于尝试新事物，在每一次挑战中展现自己的潜力。

这个可喜的过程让笔者深刻认识到，通过关怀和鼓励，每个学生都有无限的潜力可以挖掘。笔者坚信，教育不仅仅是知识的传授，还包括用爱去培养学生的品格和自信心。笔者期待在接下来的时间里继续引导华旭双语的学生朝着更加光明的未来前进，帮助他们实现更多的梦想。

融合教育背景下特殊儿童随班就读质量提升策略研究
——以上海华旭双语学校为个案研究

甘俊婷

摘　要： 本文以上海华旭双语学校为案例，探讨融合教育背景下特殊儿童随班就读质量的提升策略。在当前的教育改革和社会发展背景下，融合教育逐渐成为国际教育发展的趋势，旨在为所有学生提供平等和个性化的学习环境。本文通过对上海华旭双语学校的观察、访谈和案例分析，发现尽管该校在推进融合教育方面做出了积极尝试，但仍面临特殊儿童支持、资源分配、教师专业发展以及社会态度等挑战。基于研究发现，本文提出加强师资培训、完善特殊儿童管理与支援机制、提供个性化学习计划、增强家校合作和优化资源配置等质量提升策略。本文试图为上海华旭双语学校乃至本区域其他学校提供融合教育质量提升的参考和借鉴，共同推动融合教育的发展和特殊儿童教育质量的提升。

关键词： 融合教育　特殊儿童　随班就读　质量提升策略　上海华旭双语学校

一、引言

在当前教育改革和社会发展的背景下，融合教育作为一种包容性教育模式，正逐渐成为教育发展的趋势。融合教育不仅意味着特殊儿童与普通儿童在同一所学校或班级中共同学习，更重要的是可以实现不同需求学生之间的互相理解、尊重和支持，从而为所有学生提供平等和个性化的学习环境。然而，在教学实践中，尽管一些城市或学校的融合教育在近些年取得了显著的进展，但在课程设计、个别化教育计划的实施、软硬件环境的适配以及学校支持等方面仍存在许多挑战。

作为区内具有较大影响力的民办双语学校，上海华旭双语学校作为一所结合中西教育理念的国际化双语学校，致力于为学生提供融合、多元、个性化的教育。学校以"成为影响世界的中国学校"为愿景，注重学生的全面发展和终身学习能力培养。华旭双语的融合教育实践，特别是对特殊儿童的教育安排，不仅展示了学校的教育理念和努力，也反映出当前融合教育实施中的挑战和需求。尽管学校在融合教育方面已经做出了一些努力，例如通过 IB 项目的实施来促进教育的国际化和个性化，在学校管理层面逐步加强对影子教师的规范、支持，但如何进一步提升特殊儿童在融合环境中的学习质量，仍是一个值得探讨的重要问题。

因此，本文旨在探索融合教育背景下，特殊儿童随班就读的质量提升策略，以华旭双语为案例，分析学校在融合教育实践中的具体做法、存在的问题及其原因，从而提出有针对性的改进建议。通过对华旭双语的融合教育实践的深入分析，本文期望能为同类型学校提供参考和借鉴，共同推动融合教育的发展和特殊儿童教育质量的提升。

本文旨在解决的主要问题包括：如何在课程设计和教学规划中兼顾随班就读的特殊儿童？哪些因素会影响特殊儿童在华旭双语的随班就读质量？可以采取哪些策略和措施来提升华旭双语以及类似教育环境下特殊儿童的随班就读质量？

通过探讨上述问题，本文旨在深化对融合教育理念的理解，探索和提出有效的策略，以提升特殊儿童在随班就读环境下的教育质量，尤其是在华旭双语这样的国际化双语教育环境中。因此，本文将围绕以下几个核心目标展开：

一是深入了解特殊儿童的需求和挑战。通过分析华旭双语以及相关文献中的案例和数据，理解特殊儿童在融合教育环境下面临的具体需求和挑战，从而为制定有效策略提供基础。

二是评估现有的随班就读策略和措施。综合分析当前华旭双语以及其他相关教育实践中采用的策略和措施，评估其效果和存在的不足。

三是探索并提出改进策略。基于对特殊儿童需求的深入理解和现有实践的评估，提出创新且实用的策略和措施，旨在提高特殊儿童在华旭双语的随班就读质量。

四是推广与应用。考虑如何将成功的策略和实践应用于华旭双语以外的其他融合教育环境，以便为更多的特殊儿童提供更好的教育机会。

为了实现上述目标，本文使用数据法、文献资料法、案例研究法、比较研究法、观察法等多种研究方法，希望为华旭双语乃至更广泛的融合教育实践提供具体、实用的指导和建议，促进特殊儿童教育质量的全面提升，确保所有学生都能在包容、支持的环境中获得成功和成长。

二、国内外研究综述

融合教育，亦称"包容性教育"，其核心理念是确保所有儿童——无论是否有特殊教育需求——都能在共同的教育环境中学习和成长。本文基于中国知网和国际学术数据库 Web of Science（以下简称"WOS"）所收录的相关研究文献，运用可视化数据分析工具 CiteSpace 和文献整理软工具 EndNote 进行文献的梳理、分类、分析和总结，回顾融合教育的发展历程、理论基础及国内外的实践情况。

本文的核心关键词与研究视角分别是"融合教育""随班就读"和"小学"。

在中国知网以主题词"融合教育＋随班就读"进行搜索 ①，共得到 807 条结果。在保证置信度在 95% 的情况下，通过相关度进行排序，选择其中相关度最高的 500 条文献，将其导入 CiteSpace 并生成如图 1 所示的关键词共现图，其中不同大小的圆环与其上方词汇代表该关键词出现频次，圆环与对应词汇字体越大则关键词出现频率越高，而较大的圆环与对应词汇代表该研究领域的重要节点。如图 1 所示，排除主题词后，排名前十的节点分别为"特殊教育""特殊儿童""资源教室""同伴关系""学校适应""听障学生""自闭症" ②"全纳教育""启示""资源教师"。

---

① 检索时间为 2024 年 3 月 8 日，检索平台为华东师范大学所购买的中国知网数据库总库。
② 又称为"孤独症"。

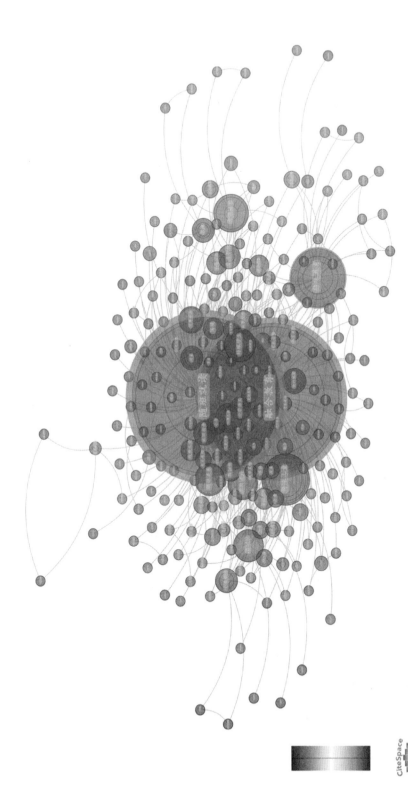

图1 "融合教育＋随班就读"主题词对应关键词共现图

在中国知网以主题词"融合教育＋小学"进行搜索①，共得到 531 条结果。选择全部 531 条文献，将其导入 CiteSpace 并生成如图 2 所示的关键词共现图，其中不同大小的圆环与其上方词汇代表该关键词出现频次，圆环与对应词汇字体越大则关键词出现频率越高，而较大的圆环与对应词汇代表该研究领域的重要节点。如图 2 所示，排除主题词后，排名前十的节点分别为"随班就读""特殊学生""小学语文""资源教室""策略""自闭症""同伴关系""态度""社会支持""小学数学"。

从图 1、图 2 共现图的种种信息显见，在整体学校教育中，融合教育与随班就读的关注点集中在听障儿童和自闭症儿童，研究视野较为狭窄。这里涉及融合教育的内涵和外延的界定。得到普遍共识的是，每个孩子都是独一无二的个体，也就是所谓"特殊"，正如华旭双语总校长龚德辉所言："这将是一个重视差异化教育的时代。办学校也不是把所有的孩子变成一样的人，而是让每一个人各得其所、各扬其长、各有所就。"因此，从广义来说，融合教育是对每一个孩子的融合性教育，各得其所、各扬其长、各有所就，这也是融合教育的外延。但显然，这更像是一种教育哲学理念，或者说教育愿景。那么，融合教育的内涵，也就是它的核心概念到底是什么？在此我们可以借鉴香港教育局对融合教育的分类，香港教育局在其融合教育及特殊教育资讯网站，将需要进行融合教育的特殊教育学生分为九类，分别是智力障碍、自闭症、注意力不足或过度活跃症、精神病、特殊学习困难、肢体伤残、视觉障碍、听力障碍和言语障碍，并对每一类别学生做了详尽的介绍、通告及指引、资源、支援措施等教学政策的支持和教学实施的方案制订。

从学校教学实践的角度出发，如本文的案例单位华旭双语，面对更多的并非听障学生，而是自闭症、注意力不足或过度活跃症和特殊学习困难学生，然而通过图 1、图 2 可知，目前已有的研究对此类学生的课堂教学涉及并不多，无法有效指导学校教学实践，无法有效解决教师教学和管理的困难。

此外，通过图 1、图 2，尤其是图 2 可见，目前已有研究较多从学科视角，如语文、数学、音乐、体育等，思考如何对学校中需要特殊教育儿童进行融合教育，

① 检索时间为 2024 年 3 月 8 日，检索平台为华东师范大学所购买的中国知网数据库总库。

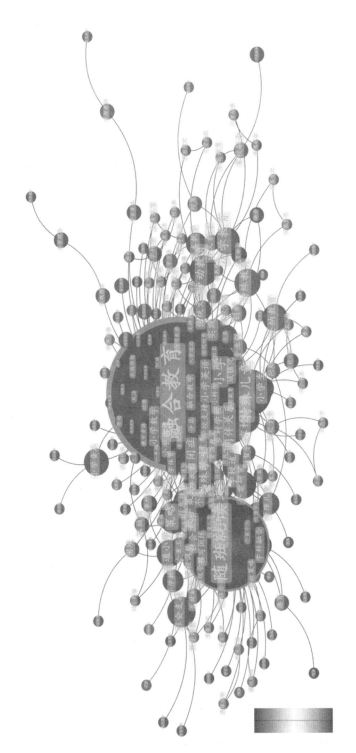

图 2　"融合教育＋小学"主题词对应关键词共现图

这些研究更多处于微观的基础层面，而对于中观的班级和班主任管理、年级组和年级组长管理研究较少，缺乏对学校融合教育宏观政策制订和分学段、分年级教学计划与支援方案制订的有力支持，一定程度上导致目前学校各个层面推进融合教育困难重重，进展缓慢。此外，即使在微观层面，对于融合教育中起到重要纽带作用的影子教师也甚少提及，可见我国对于融合教育与特殊教育的相关研究还不够全面与深入。

在 WOS 以主题词"Integration education"进行搜索 ①，共得到 37 993 条结果。在保证置信度在 95% 的情况下，通过相关度进行排序，选择其中相关度最高的 500 条文献。将其导入 CiteSpace 并生成如图 3 所示的关键词共现图，其中不同大小的圆环与其上方词汇代表该关键词出现频次，圆环与对应词汇字体越大则关键词出现频率越高，而较大的圆环与对应词汇代表该研究领域的重要节点。如图 3 所示，排除主题词后，排名前十的节点分别为"higher education""technology integration""students""social integration""professional education""teacher education""information technology""ideological and political education""Innovation and Entrepreneurship""model"。

在 WOS 以主题词"Integration education + learning in regular school OR learning in regular classroom"进行搜索 ②，共得到 1 487 条结果，在保证置信度在 95% 的情况下，通过相关度进行排序，选择其中相关度最高的 500 条文献，将其导入 CiteSpace 并生成如图 4 所示的关键词共现图，其中不同大小的圆环与其上方词汇代表该关键词出现频次，圆环与对应词汇字体越大则关键词出现频率越高，而较大的圆环与对应词汇代表该研究领域的重要节点。如图 4 所示，排除主题词后，排名前十的节点分别为"students""children""education""achievement""inclusive education""performance""flipped classroom""instruction""learning ability""school"。

---

① 检索时间为 2024 年 3 月 8 日，检索平台为华东师范大学所购买的 Web of Science 数据库中的 Web of Science Core Collection 数据库。

② 检索时间为 2024 年 3 月 8 日，检索平台为华东师范大学所购买的 Web of Science 数据库中的 Web of Science Core Collection 数据库。

图 3 "Integration education" 主题词对应 WOS 检索结果

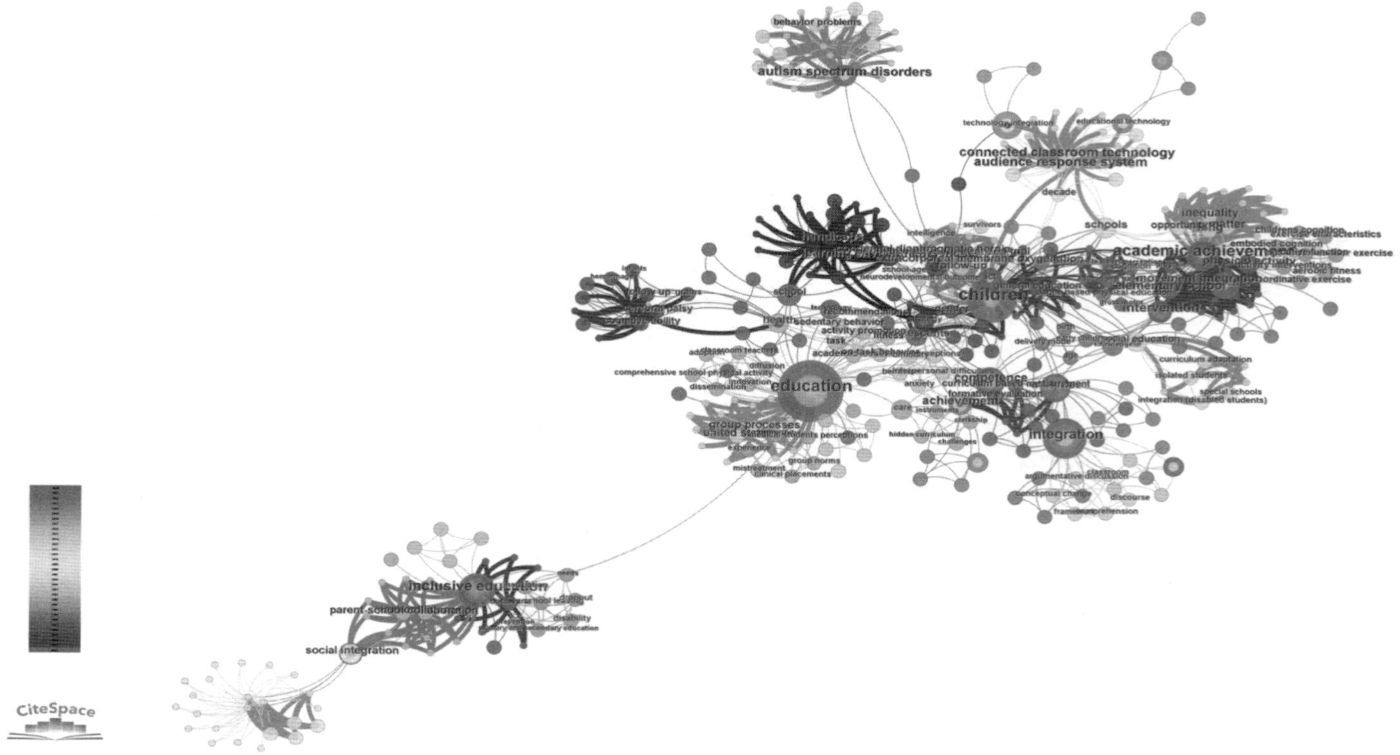

图 4 "Integration education + learning in regular school OR learning in regular classroom" 主题词对应 WOS 检索结果

通过比较国内文献研究的图 1、图 2，以及国外文献研究的图 3、图 4，最为明显的一点是：国内研究的对象是有一定问题的学生，如"听障""特殊"等；而国外融合教育相关研究的核心指向是单纯的"学生"，是将学校教育中所有的学生视为一个整体进行融合教育的研究、策略的制定、教学的实施等，并没有刻意进行区分。这也正是国际教育界的共识，任何教育的最终指向必然是人，也更加契合上文提到的融合教育的外延。从一定程度来说，国际教育界同仁已经将这样的教育哲学理念和教育愿景付诸教育实践。当然，不可否认，一方面这样的研究视角可以做到真正的融合，将不同学生进行整体教学管理，但另一方面也在一定程度上忽视了需要融合教育的特殊儿童的特殊性。因此，无论是在研究层面还是在教学实践层面，如何融合，融合的尺度在哪里，是值得深入探讨的问题。

通过图 3、图 4 还可以清晰看出，国外融合教育研究对社会融合、技术和创新等方面颇为重视，并对翻转课堂研究较多。这也一定程度呼应了对技术的重视，以及现代教育以人为本、构建教学共同体的理念。当然，国内外相关研究对于在融合教育中影子教师的话题关注都不多。

综上所述，无论是国外的相关研究，还是我国已有的研究，都已经取得了一定的研究成果，有许多值得学习和借鉴之处。然而，正如前文所说，作为一所学生背景以中高阶层家庭为主的学校，这些研究对于其所就读的特殊教育儿童的实际教学管理、实践、教师队伍的培养、教学管理团队的构建，都还远远不足，存在研究的盲区，这也正是本文研究的着力点。

三、主要研究方法和设计

（一）研究设计

本文主要采用案例研究方法，这是一种定性研究方法，适用于深入理解复杂现象，在真实环境中探讨研究对象的具体情况和背后逻辑。案例研究方法特别适用于融合教育这一复杂且多维的领域，它允许研究者探究特殊儿童在特定教育环境下的经历和感受，以及这种教育模式的实施效果和挑战。

华旭双语作为本文的案例，提供了一个独特的视角来探讨国际化背景下的融合教育实践。通过深入分析该校的融合教育模式、策略和实践，本文旨在提出可行的改进措施和建议，从而促进特殊儿童随班就读质量的提升。

（二）研究对象和数据收集

本文研究对象主要包括华旭双语的特殊儿童、他们的家长，以及与这些学生直接相关的教师和管理人员。选择华旭双语作为研究对象的原因在于其独特的教育背景和融合教育实践，是一个富有代表性和实践价值的案例，也因为这是笔者的任教单位，作为研究案例较为便利。

数据收集采用多种方法，包括但不限于半结构化访谈、观察法、问卷调查和文档分析。半结构化访谈将用于收集教师、家长和管理人员对融合教育实施的看法和体验；观察法将用于了解特殊儿童在学校环境中的实际表现和互动情况；问卷调查将用于收集广泛的定量数据，以补充和验证从访谈和观察中得到的定性信息；文档分析则包括学校的教育计划、政策文件以及其他相关记录，以获得对学校融合教育实践的深入理解。

（三）数据分析方法

数据分析将采用内容分析和主题分析方法。首先，将对访谈记录、观察笔记和问卷结果进行整理和归类，去除冗余和不相关的信息。然后，使用内容分析方法对文本数据进行系统的分类和编码，以识别关键概念、主题和模式。通过对比不同数据源的信息，进一步细化和验证发现的主题。

此外，研究还将采用三角验证方法来提高结果的可靠性和有效性，即通过多种数据来源和方法来确认发现的一致性和真实性。最后，将基于数据分析的结果，结合理论框架和研究问题，提出具体的建议和策略，以改善华旭双语乃至其他学校的现象和过程，尤其是在教育领域。案例研究允许研究者深入探讨特定情境下的个体或团体，以获得对该情境的全面和深入理解。在本文中，案例研究方法的适用性体现在其能够让研究者深入探讨华旭双语融合教育的具体实施情况，及其对特殊儿童随班就读质量的影响。

通过上述研究方法，本文旨在深入了解华旭双语融合教育的实施情况，特别是特殊儿童的随班就读质量，以及提高就读质量的有效策略。

四、案例研究——华旭双语的实践与挑战

在融合教育的实施背景方面，华旭双语以包容性原则为指导，积极落实特殊儿童的随班就读政策，努力为所有学生，包括特殊需求学生，提供一个支持和尊重多样性的学习环境。

在特殊儿童随班就读方面，华旭双语采取了一系列创新性策略和措施。首先，学校在近年来初步建立了管理和支持团队，包括学科教师、班主任、年级组长、校外专家，为特殊儿童提供个性化的支持和干预。其次，学校在课程设计和教学方法上考虑了特殊儿童的特殊需求，也相应进行了些许调整，以满足不同学生的学习需求，如分层教学和个别化学习计划，并允许校外影子教师进入课堂。此外，学校还重视家校合作，定期与家长沟通，共同制订和评估学生的学习计划。值得一提的是，华旭双语对于特殊儿童自行配置的影子教师也进行了统一、规范的管理，不仅在相关政策上予以配套和支持，也会定期组织会议，召集影子教师进行沟通，及时解决问题。

尽管华旭双语在融合教育的实践中取得了一定成效，但在实施过程中也遇到了许多挑战和问题。首先，在全校绝大多数学生都是非特殊需求学生的情况下，课程设计与教学计划的调整很难真正兼顾到极少数特殊需求儿童，且这些特殊需求儿童又分别属于不同的特殊需求类别，更加无法进行个性化的教学设计和教学方法调整。其次，资源分配存在限制，特别是在专业人员和教学资源方面，影响了教育质量的提升和个性化支持的实施。尽管华旭双语近年来组织校内具有特殊需求教学经验和经历的教师开展教研活动，也在校级课题立项中对此类课题予以倾斜，然而对于复杂的"特殊需求儿童随班就读"这一课题而言，杯水车薪。该课题需要更加系统化、常态化、专业化的支持，如教师专业可持续性发展，教师需要更多的培训和支持，以提高他们在融合教育环境中的教学和沟通能力，并在教师考核中予以体现。

除此以外，家长和社会的态度和预期也影响了融合教育的实施。部分家长对融合教育缺乏了解和信任，对特殊儿童的接纳和支持不足。社会对于融合教育的认识和支持也不够广泛，需要进一步提高公众意识，营造一个更加包容和支持的环境。

总之，华旭双语在融合教育方面的努力体现了对所有学生包容性原则的坚持和

实践，但其经验同时揭示了融合教育实施过程中的困难和挑战。这些挑战不仅源自学校内部的资源和能力限制，也与外部的家庭和社会环境紧密相关。

对华旭双语而言，进一步推进融合教育的关键在于解决这些问题，通过持续的教育改革和创新来优化融合教育实践。这包括加强特殊儿童的早期识别和评估、增加专业人员和教学资源的投入、提高教师的专业发展和家校合作水平以及提升社会对融合教育的认识和支持。

通过这些努力，华旭双语不仅能够为特殊儿童提供更优质的教育服务，也能为所有学生营造一个更加包容和多元的学习环境。同时，这些经验和教训也为其他实施融合教育的学校提供参考和启示，有助于推动融合教育在更广泛的范围内得到有效实施和发展。

淘淘变形记

李春阳

摘　要： 本文通过两个案例分析了三岁幼儿淘淘的咬物和攻击性行为，探讨了行为背后的原因及教育干预措施。研究发现，适当的沟通、家园合作和环境创设对改善幼儿行为具有显著效果。

关键词： 幼儿行为管理　心理引导　家园共育

一、案例分析

（一）案例一

"早上好，淘淘！"我开心地跟淘淘打招呼，淘淘挣开妈妈的手跑过来。她一直咬着自己书包上的卡扣。淘淘妈妈在后面忧心地看着淘淘："别咬了，脏！"我蹲下来把书包的卡扣从淘淘嘴巴里拿了下来，轻声对淘淘说："我们不咬了，好吧？"淘淘跟着我走进了幼儿园。刚走了一会儿，她又不自觉地把书包带子放在了嘴巴里，"咯吱咯吱"地咬了起来。淘淘妈妈跟说我："对于她咬东西的习惯，我已经批评过很多次了，而且昨天晚上还凶了她，但是感觉很无力，还是没什么进展，感觉孩子听不进去。"

（二）分析案例一

淘淘在班级属于偏小的幼儿，年龄在三岁左右。对这个阶段的幼儿来说，咬东西是一个普遍的行为。淘淘爱咬东西有两个方面原因。一个原因是孩子在口腹欲期没有得到满足。我们了解到，淘淘妈妈年龄偏大，性格偏保守，非常宠爱淘淘。家里的四个老人照顾一个孙女，照顾得非常精细。在淘淘口腹欲期，家里老人因为怕脏，很少让她随便咬东西，用嘴巴探索的过程被终止了，没有得到充分的满足。到了三岁这个阶段，孩子触摸的敏感期到了，同时也到了第一个叛逆期，她开始根据自己的探索愿望弥补自己的口腹欲期。第二个原因是淘淘妈妈看到淘淘咬东西，对其进行了责备，所以淘淘会不断地重复这个动作，希望看到妈妈因为她的行为而有所反馈，来引起妈妈的注意。这正是幼儿第一个叛逆期的特点。

（三）案例二

"这个玩具是我先拿到的，他抢我玩具！"淘淘和秋秋两个人突然大哭了起来。我赶紧跑过去蹲下来查看情况。秋秋的胳膊上有一个圆圆的小牙印，明显是淘淘把乐乐的胳膊咬了。但是淘淘也哭得很伤心。她慌张地反复重复着上面那句话，对自己刚刚咬了秋秋这件事不停地解释，看得出淘淘也知道秋秋很痛，也非常不愿意发生这样的事情。我赶紧先安抚两个孩子，带着秋秋去医务室拿了冰袋冷敷。还好，冷敷之后秋秋的胳膊很快恢复了。两个孩子情绪平复之后，我找他们聊一聊，说一说发生了什么事情。原来，淘淘在玩娃娃，用听诊器和温度计给娃娃看病。秋秋看到了，也想给娃娃看病，但是淘淘玩得正不亦乐乎呢，当然不愿意给秋秋，秋秋说了半天淘淘也不分享。最后秋秋没忍住，抢走了温度计。这可惹怒了淘淘，才发生了之前的一幕。我告诉他们，淘淘咬人是不对的，但是秋秋抢走玩具也不对，两个人都有错，请他们互相道歉。两个人最后和好了。我告诉淘淘："咬人很危险，人的牙齿也是有细菌的，会对其他小朋友造成很严重的伤害。如果下次再遇到类似的事情，一定要找老师来解决。"

（四）分析案例二

从这次的事件中，我们可以看出淘淘对咬人这件事是有意识的，她知道咬人是不可以的，但是在三岁这个年龄阶段，控制自己的行为是比较难的，尤其是幼儿在情急的时候，会不自主地出现攻击性行为。虽然淘淘咬了同伴，但是她在老师了解前已经认识到咬人是一种不正确的行为，并且也很诚恳地向秋秋道歉。在之后的绘本故事课堂中，我也讲了一个关于怎样和小朋友好好沟通交流、表达自己想法的小故事。幼儿进行了情景模拟，表演了如果遇到被拒绝交换礼物的情况我们该怎样做。我们可以等待，等一会儿再来玩，或者可以加入游戏。同时我们应该在教室中多增添一些同样的玩具，以满足幼儿对玩具的需求。

二、教育干预

（一）行为理解

虽然都是"咬"这样的行为，但是我们可以从行为角度分析，来了解幼儿的"咬"背后到底想表达的是什么。是为了得到成人的关注，还是一种无意识的自我防御行为？我们要在安抚好幼儿之后，告诉幼儿这样的行为是不可取的，让她知道咬人的危害，当遇到事情的时候可以请老师来帮忙解决问题。了解幼儿心里真正的需求是教师的必修课。

（二）家长合作

当出现突发情况时，我们首先要安抚好幼儿的情绪，及时处理幼儿的受伤情况。其次，一定要和打人或者咬人的幼儿个别交流，告知幼儿行为会导致的后果是什么。然后，让攻击他人的幼儿全程参与照顾和护理受伤幼儿的过程。再次，帮助幼儿重新建立信任和友情，让幼儿互相原谅，彼此致歉。最后，保持记录、持续观察，直到幼儿减少此类行为的发生，并写下自己的观察小结，在跟家长沟通的时候做到家园一致。

（三）环境创设

环境创设的有效性可以帮助幼儿更好地成长。教师要经常检查班级里的环境布置、材料的增减和日程的安排，更好地引导幼儿活动、游戏和生活，让幼儿总有挑战和好奇感，从而减少矛盾和冲突。

（四）教师应对策略

面对个别幼儿出现咬人、打人等攻击性行为的时候，教师要在一段时间内，持续对这个幼儿密切关注、认真观察，每每出现类似的攻击性行为，要尽快转移幼儿的注意力，耐心引导幼儿如何与其他同伴用语言交流，建立起友好的关系。

当幼儿学会了用语言解决问题的时候，攻击性的行为自然就会减少。

三、总结

（一）行为改善

通过一段时间的观察和家长的正面引导，在之后一个月的时间里，淘淘开始慢慢不喜欢咬东西了。渐渐地，淘淘和其他幼儿的关系也越来越融洽，没有再出现类似咬人的情况了。淘淘也慢慢适应了和同伴有商有量的解决方式。现在，淘淘是班级里的小明星，很多小朋友都非常喜欢和她一起玩。

（二）家园共育

对于有攻击性行为的儿童，教师与家长的家园共育是至关重要的。这种合作不仅有助于理解幼儿的行为背后的原因，还能够共同制订有效的干预策略，以促进幼儿的积极行为改变。

一是建立开放的沟通渠道。安排定期的家长会议或个别会谈，讨论幼儿在园所的表现和在家的行为。[1]当幼儿出现攻击性行为时，及时与家长沟通，反馈观察到的情况和采取的措施。

二是提供行为观察记录。详细记录幼儿的攻击性行为，包括发生的情境、频率、强度等。与家长共享这些记录，帮助家长理解幼儿的行为模式。

三是共同制订行为改善计划。与家长一起设定具体、可实现的行为改善目标。确保家庭和学校在处理攻击性行为时采取一致的方法和策略。

四是家庭教育指导。向家长提供有效的家庭教育技巧，如正面强化、情绪管理等。推荐书籍、文章、在线课程等资源，帮助家长学习更多关于儿童行为管理方面的知识。

---

[1] 谷沛.家园共育在幼儿教育中的应用［J］.幼儿教育，2021（04）：56—59.

通过这些策略，教师和家长可以共同为幼儿创造一个支持性和积极的环境，帮助他们改掉攻击性行为，促进其社会情感技能的发展。家园共育的成功在于双方的合作、沟通和一致性，这对幼儿的长期发展至关重要。

天生我材，打造共融校园

刘子琪

摘　要： 近年来我国相继出台各类融合教育政策，顺应国际教育发展趋向，上海华旭双语学校不仅关注有特殊教育需求学生的发展，而且根据国际前沿学术理念，为学生提供科学、循证的教育支持。本文根据上海华旭双语学校学生成长教育体系的指导思想——"以全员参与、全程融入和全面发展为基本理念，让学生通过学校成长教育体系的有效实施，逐步养成为人、为学、为事、与他人及社会和谐共处的道德、习惯、品性和优秀的公民素养"，从学校文化、共融举措、共融策略及个人案例阐述华旭双语如何托举更广泛的有特殊教育需求学生的成长。

关键词： 融合教育　三层支持　自我管理　技能小组训练

一、特殊教育需求的定义

随着国际教育理论的发展及我国教育改革的推进，融合教育理念越来越多渗透在中国的教育实践中。《上海市教育发展"十四五"规划》《上海市特殊教育三年行动计划（2022—2024 年）》等文件要求加强上海市特殊儿童随班就读工作，提高融合教育水平，满足随班就读学生的教育需要。不管是理念上还是政策上，将有特殊教育需求儿童融入普通班级的教育举措在持续推进。

然而，学术界对有特殊教育需求学生有不同的定义。有研究者认为，身心发展上与普通儿童有较大差异、在正常范围之外的儿童为特殊儿童。① 朴永馨认为，特殊教育需求儿童是指高于或者低于普通儿童的各个方面，如在心理发展、身体发展、学习和生活中长期或一定时间段内存在因个体差异而有不同教育需求的儿童。② 2004 年，苏格兰《学习的额外支持法案》中用"额外支持需要"（Additional Support Need）这一称谓取代"特殊教育需求"，范围包括为克服学习上的障碍而从额外的帮助中获益的儿童或青年。此外，2014 年英国《儿童与家庭法》中指出，存在学习或身心上的障碍，使其比大多数同龄人学习或获得教育存在更多的困难的儿童即为有特殊教育需求儿童。这些需求可能包括交流与互动，认知与学习，社会的、精神的、情感的健康，以及感官或身体的需要等四大类。

因此，从对特殊儿童的定义变化来看，对特殊教育需求的定义在逐步扩展、具体，融合教育的范围也在逐步扩大。结合教育实践，本文将特殊教育需求学生定义为由于家庭背景、养育方式及身心特点不同，导致存在学习、生活适应不良或不同程度的学习困难，可能伴随情绪、行为、心理健康等方面困扰的学生。

二、华旭双语共融文化

华旭双语致力于融合东西方优秀教育理念，贯彻党的教育方针，提供适合每个学生全面发展的优质现代教育。华旭双语的教育体现优质、融合、多元和关爱四个显著特征。华旭双语学生成长教育要求所有教师和员工引导并服务于学生健康、快乐地成长并有利于其终身发展。我们关注学生成长过程中生理、心理的变化，关注学生个性、品质的养成，关注学生修养身心及认知境界的提升，引导学生积极协调个人与自身、与他人、与社会、与自然的关系。

在华旭双语，我们理解、接受和尊重个体差异，甚至欣赏差异，有额外教育需求的学生同样有优点。我们发掘他们的潜力，把学生之间的能力差异作为协作学习的基础，创造互动的学习环境，使学生之间能发现彼此的长处，从而互相接纳、互相尊重和互相欣赏，促进学校多元、融合的氛围。

---

① 刘全礼.特殊教育导论［M］.北京：教育科学出版社，2003：7.
② 朴永馨.特殊教育学［M］.北京：华夏出版社，2014：2.

三、学校共融举措

（一）小学部的"三层支持"融合模式

学校重视全人教育，关注每个学生的个性与学习需要，通过多元评估、教学调整、教师协作、家校合作、朋辈支持等托举学生的成长。

学生存在个体差异，每个学生的学习需求不同，包括部分学生存在特殊教育需求。在小学部，为支持有特殊教育需求的学生，学校利用校内外资源，在不同层面通过各方面的配合和支援策略，从而推动每个学生的成长。针对额外的教育需求，我们根据对学生的观察和评估报告及家长意见按不同层级给予支持。第一层支持是通过优化课堂教学及学习环境满足学生的学习及适应需要，包括有轻微或短暂学习困难或适应困难的学生。第二层支持是安排额外的辅导支持，学校特殊教育协调员根据学生需要提供小组训练，例如社交技能小组，同时帮助学生在第二层支持中习得的知识与技能应用在普通课堂中。第三层支持是为有严重学习困难及适应困难的学生提供个别化的加强支援，例如配备影子教师。最后，通过制订个别化学习计划，三层支持环环相扣，教师也在普通课堂上提供机会让学生应用及练习在第二层、第三层支持中习得的知识和技能，确保整体支持的有效性，从而托举每一个学生的个性化成长。

（二）干预流程

第一步：接收需求信息。

班主任、任课教师提交可能存在担忧或者特殊教育需求学生名单，描述学生正在经历的困难，主要是针对学习困难、行为问题、情绪管理等方面。

第二步：收集相关资料。

通过班主任、任课教师收集学生的个案资料，包括但不限于学术评估报告、行为评估报告、医疗诊断信息、家庭情况等资料，以全面了解学生的情况和需求。

第三步：直接观察。

特殊教育协调员通过课上或午餐休息时间观察问题行为发生的前因与后果，结合教师观察初步完成行为功能评估及偏好物评估。

第四步：组织谈话。

组织相关人员（如教师、家长、心理教师）讨论学生的具体情况、需求和可能的干预方案。

第五步：制订个别化支持计划。

结合评估和讨论结果，确定支持层级，制订个别化的支持计划，明确支持目标、支持策略等。

第六步：采取支持措施。

通过优化课堂教学及学习环境，满足学生的学习及适应需要，开展技能小组训练，家校合作，环环相扣。

第七步：持续监测和评估。

定期对学生的进展进行监测和评估，调整支持措施和计划，确保其有效性和适应性。

第八步：保持沟通合作。

与学生家长、教师、专业人员等保持密切沟通和合作，分享学生的进展和需求变化，共同制订和调整支持计划。

四、融合支持策略

在华旭双语，我们不定义每个学生，不冠以特殊的符号，我们聚焦具体的行为，从行为层面给予支持。笔者从特殊教育协调员的角度来阐述具体的融合教育策略。

（一）第一层支持中的融合教育策略

在第一层支持中，特殊教育教师根据班主任及任课教师提供的信息填写基础资料，使用访谈及直接观察学生问题行为的方式，进行行为功能评估、偏好物评估等。继而根据评估结果组织家长访谈，收集更多信息，初步与教师、家长协助制订支持方案。针对不同的行为功能给予不同的干预策略。需要注意的是，同一个行为背后的原因可能不同。针对不同问题行为的满足功能，常见的干预策略如下：

1. 针对寻求社会性关注的行为

（1）给予学生积极的关注。在日常教学中强调他们积极的行为和努力。通过鼓励和认可，帮助学生建立积极的自我价值感。

（2）建立和学生之间的良好关系，让学生感受到被理解和尊重。建立信任关系有助于减少问题行为的发生。

（3）给予学生一些在学习和活动中的选择权，让他们感到有自主权，这可以减少学生因无法控制而产生的问题行为。

（4）设定清晰的期望，确保学生清楚了解期望和规则。通过明确的规则和预期，学生更容易理解他们在学校中应该如何行为。

（5）使用积极强化方法，奖励学生积极的行为。这可以包括表扬、建立代币系统或其他鼓励措施，以激励学生良好的行为。

2. 针对逃避功能的行为

（1）创建支持性的学习环境，如安静、有序、充满积极氛围的教室，有助于减少学生逃避任务的借口。

（2）调整任务的难度，以确保与学生的能力水平相匹配。分层教学可以减少学生逃避任务的动机。

（3）将任务分解成更小的部分，逐步引导学生完成不同阶段的任务，以减轻逃避的压力。

（4）课堂上为学生提供小组学习或同伴合作的方式，可以增强学生完成任务的信心。

3. 针对获取活动、物品的功能的行为

（1）制订清晰的规定和边界，让学生明白哪些行为是可接受的，哪些是不可接受的。

（2）教授替代行为，帮助学生学会使用恰当方式来获取物品，而不是通过问题行为。教授替代行为可以包括使用请求、分享或等待的方式。

（3）奖励积极行为，配合强化系统帮助学生使用积极而合适的方式来获取物品，激励他们选择适当的行为。

（4）教授沟通技能。如果学生使用问题行为来沟通需求，向他们传授更有效的沟通技能，使用恰当的方式表达自己的需求。

4. 针对自我刺激功能的行为

（1）制订规律的日程，展示规律的一日学习生活，包括有规律的休息时间，有助于提高预测性和稳定性，从而减少学生的焦虑感。

（2）提供丰富的环境，提供深压力刺激，如沙袋、抱枕或挤压球，设计感觉丰富的学习环境，包括使用质感丰富的教材、提供充足的自然光和使用有声音的学习工具。

（二）第二层支持中的融合教育策略

在第二层支持中，特殊教育协调员根据学生的需求提供不同类别的技能训练，从本质上帮助学生提高能力，从而使学生与同伴相处更加融洽，也能够更好地适应学习生活。技能学习最大的难点在于确保技能在课堂外的泛化，除了在校学习，在家练习是至关重要的。为了让学生学会并独立运用这些技能，特殊教育协调员会在每课结束后下发一份书面的技能概要，帮助家长辅助孩子在家中练习技能，实现家校统一，协同帮助学生成长。

1. 开展社交技能小组训练

开展社交技能小组训练帮助有需要的学生发展和提高各种社交技能，包括沟通、合作、倾听、分享等技能，增加他们在社交场景中的自信和成功感[1]。笔者通过系统的社交训练课清晰地告诉学生在不同社交场合如何发起对话、如何应对情况，让其掌握基本的社交技能，帮助他们在人际关系中更容易与他人相处。同时，社交技能小组训练提供了解决冲突的机会，教导学生适当的沟通方式和解决问题的方法，有助于避免不必要的冲突，帮助学生更好地适应社交生活。

在成立社交技能小组以后，笔者逐渐发现社交技能小组能为组员创造一个相对安全的环境，消减他们与普通同伴相处中感受到的社交孤立感，带来一种归属感。

2. 开展执行技能训练

执行技能指的是人类执行或完成任务时需要的一些基于大脑的技能。有些学生尽管智力水平高，但是缺乏利用智力的执行技能，面对复杂的情境，其计划能力、

---

① Bondy, A., & Weiss, M. J. Teaching social skills to people with autism: Best practices in individualizing interventions［J］. Bethesda, MD: Woodbine House, 2013: xii.

保持专注的能力、整理能力、控制情绪的能力以及行动的能力需要提升①。针对这些学生，学校通过开展执行技能训练，系统地帮助其提高融合适应能力。

五、个案分享

（一）小 A 的故事

小 A 是一年级新生，在学校的走廊里我们经常可以听到他的谈笑声。不仅如此，他也有着不错的学业表现。然而，教师反馈同学们对小 A "抱怨"不断，例如"小 A 把我的书扔到了地上""小 A 吃饭的时候总要走来走去""小 A 抢了我的黑板擦""小 A 对我大喊大叫"，甚至还有推搡同学的行为。短短两个月的时间，小 A 一系列的行为不仅影响了课堂秩序和班级有序、积极氛围的建立，而且小 A 与同伴的关系也越来越紧张。

在与班主任了解基本情况后，笔者进入班级直接观察，与小 A 交谈。通过间接评估和直接评估，我们可以分析和整理数据，完成问题行为的功能性评估，并得出功能评估的结论。初步判断小 A 打人、踢人等行为的功能是寻求社会性关注，在与家长进行深入交流之后更加印证了我们的判断。

如何对这一系列的问题行为进行干预呢？干预思路为帮助小 A 塑造恰当的方式寻求关注，消退或通过自然后果减少打人、踢人等问题行为，同时提高小 A 的自我管理技能。我们分别制订了家庭支持方案及学校支持方案。

在校干预策略方案主要包括建立代币系统、塑造正向行为，以及提高自我管理能力，具体的支持策略如下：

1. 建立代币强化系统，塑造正向行为

代币强化系统作为一个高度成熟且得到广泛研究的行为改变系统，在小学阶段帮助学生群体塑造行为被证明是有效的。②特殊教育协调员根据前期的访谈与评估，

---

① Dawson, P., & Guare, R. Coaching Students with Executive Skills Deficits [M]. New York: Guilford Press, 2012.

② Higgins, J. W., Williams, R. L., & McLaughlin, T. F. The effects of a token economy employing instructional consequences for a third-grade student with learning disabilities: A data-based case study [J]. Education and Treatment of Children. 2001, 24 (01): 99–106.

确定问题行为的功能，寻找相同功能的替代行为。在这个案例中，小 A 的问题行为是寻求社会性关注，我们使用代币强化系统帮助小 A 塑造相同功能的正向行为。在与教师沟通后，明确在每个环节中可以得到关注的具体行为，例如在午餐时间，提供成为小组长的机会，举手提问，安静认真吃饭 10 分钟（根据基线数据），教师给予眼神、拍肩膀等社会性关注。

学生成长体系中的四大学院制是非常受学生欢迎的，每当自己学院的旗帜升起时，学生心中的自豪感会油然而生。怎么获得升旗的机会呢？就是赢取学院币，对华旭双语的学生来说，学院币非常有吸引力。经过前期的偏好物评估，学院币同样可以作为小 A 的一种强化物激励其恰当行为。同时，为了建立一个有个性化且更高效的代币系统，学院币也承担着交换媒介的角色。在明确目标行为和规则后，我们与小 A 共同制定了学院币与后备强化物的交换比例，包括每周得到 5 个学院币可以换取的活动以及 8 个学院币可以换取的活动。小 A 可以通过积极行为获得额外的阅读时间、游戏材料、娱乐时间等奖励。使用代币系统改善小 A 的问题行为的方式卓有成效，当行为水平达到标准后，我们通过更换疏松的强化计划表等逐渐撤出代币系统。

2. 提高自我管理能力

自我监控是自我管理策略之一，是指一个人系统地观察自己的行为和记录目标行为发生与否的过程。[①] 自我意识的培养可以帮助学生成为更好的决策者，小 A 的语言表达能力强，但总是用不恰当的方式赢得关注和进行社会交往，自我管理技能的提升同样重要。自我管理可用于支持行为改变和情绪调节，我们可以使用很多策略进行自我管理。针对小 A 的个人情况，我们在学校采取自我监控帮助小 A 提升自我管理技能。

具体的操作步骤如下：

第一步，针对课堂活动明确目标行为：眼睛注视老师；坐在自己的位置上；举手并等待老师叫名字回答；跟随课堂内容；回答老师的问题；听从指令。评价标准

---

① Cole, C. L., Marder, T., & McCann, L. Self-monitoring. In E. S. Shapiro & T. R. Kratochwill (Eds.), Conducting school-based assessments of child and adolescent behavior. New York: Guilford Press, 2000: 121–149.

为 3 次提醒完成，4—5 次提醒完成，超过 5 次提醒完成。

第二步，教小 A 准确填写自我管理表格，包括目标行为的角色扮演示例和非示例。提供自我监控的材料，教小 A 如何在自我记录表上记录。

第三步，小 A 独立填写表格，教师在每节课结束时检查，以确保数据填写准确。

第四步，任课教师在每节课结束时检查，以确保数据填写准确。

第五步，逐步撤除教师的支持，小 A 单独填写表格，在每天的放学时间，小 A 将根据他的分数在家获得强化，从而塑造使用恰当方式获得关注的行为。

同时，我们也利用自我监控教小 A 监控自己的情绪，包括定期检查自己的情绪、主动使用自我调节策略等。

父母及家庭的影响对学生行为的改变至关重要。在与家长会谈后，针对家庭养育问题，分别从问题行为发生之前、问题行为发生之后给予建议。

问题行为发生前：

（1）理解行为，学生展现某种行为是因为这种行为带来他想要的后果。任何问题行为的发生都有原因，有孩子的需求所在，而出现的问题行为是大人提供的后果不断强化而来的。

（2）把孩子引向采取积极的行为获取关注，例如在家里给孩子积极关注的任务，让孩子做一项对大人有帮助的任务，如帮助餐前准备等。

（3）设立一个特别时光的时间表，例如妈妈和孩子的共同时间、爸爸和孩子的共同时间、特定家人的共同时间等，可以以周为计划，定期陪伴孩子，定期给予关注。

（4）制定家庭约定，让约定说了算，具体列举哪些行为是值得赞扬的，明确哪些行为的后果是失去玩耍时间、喜欢的动画等，确保孩子做好的行为会得到及时的关注和表扬，需要和孩子共同决策完成家庭约定。

（5）配合家庭约定建立代币系统，当孩子有好的行为时，除了关注和社会性赞扬，同时给予代币奖励，可以家校互通，每日清算，达到某个数量可以换取喜欢的活动或额外的特别时光等。

（6）说出对孩子的爱和关怀，一个意料不到的拥抱常常很有效。

问题行为发生后：

（1）接受自然或逻辑后果，例如站在雨中就会被淋湿，不吃东西就会饿，做了不恰当的行为就会失去玩耍时间，等等。在体验后果时，不要指责或者羞辱孩子，不要借题发挥，可以平静地说"你做了这个行为选择失去了玩耍时间肯定很伤心"。

（2）当问题行为发生时给予最低程度的注意力，使用消退程序，即保留强化物（孩子喜欢的物品、动画、活动等）或者防止逃避任务。注意刚开始执行消退程序时，问题行为的频率或强度会增加。比如，破坏物品了，将当下正在或者将要进行的喜欢的活动终止，孩子会发脾气甚至哭闹，一定要坚定地不因孩子哭闹而妥协，同时搭配替代行为，例如将物品整理干净后再继续活动。

（二）追风少年的故事

在第二层支援中，学校融合教育小组为存在特殊教育需求的学生提供系统的技能训练，制订个性化的支持计划。通过有针对性的小组训练，帮助学生提升技能。笔者以社交技能小组训练为例进行分享。

有这样几位少年，他们面临着同伴相处的困扰："为什么同学不喜欢我""我不想开口跟他说话""在集体活动中我总是不知所措""同学为什么不借给我橡皮"等等。在主动寻求社交过程中或在理解对话与社交情景的过程中，面部表情、语气、目光接触这些非语言信息同样重要，如果无法处理这些非语言信息，即使能够主动寻求社交，他们也会因为无法理解社交行为而感受到孤立。另外，学生不理解自身行为对他人的影响，对因果关系缺乏理解，例如有的学生会直接说一些自己认为的"实话"，而不理解这些话怎么会伤及他人。

这些少年有一颗真诚交朋友的心，可是在交友道路上困难重重。特殊教育协调员开展社交技能小组训练来帮助他们更好地应对社交生活。小组训练以 12 周为一个周期，内容涵盖对话技能、合作技能、友谊管理技能、自我调节技能、冲突管理技能、共情，具体话题包括"怎样认识新朋友""如何转换话题""输了怎么办""不做规则警察""应对作业难题""理解愤怒"等等。学生的进步通常要在 12—24 周以后，随着学生的概念理解能力越强、练习机会越多，就越能将所学技能泛化到小组之外，训练的效果会更加明显。

然而社交技能学习最大的难点在于确保技能在课堂外的泛化，除了在校学习，在家练习也是至关重要的。为了让学生学会并独立运用这些技能，特殊教育协调员会在每课结束后下发一份书面的技能概要，帮助家长辅助孩子在家中练习技能。家长可以采取以下策略：

考查孩子对技能步骤的了解。采用游戏的形式，奖励正确的回答。

示范技能并与孩子一起角色扮演展示技能。

抓住教育契机，辅助孩子运用所学技能。例如，如果孩子正在学习"轮流讲话"技能，但他没有等别人停下就直接打断对方讲话，那么我们可以进行提醒并顺势复习技能步骤。

在此，笔者分享一段社交技能小组训练的记录：

又到了周五开展社交技能小组课的日子，我在接孩子去资源教室上课的路上有一个小插曲。当我来到教室前，孩子们表现得特别兴奋，一个男生带着其他孩子在走廊上奔跑。他们很快到达资源教室，但这违反了"在走廊上不追逐打闹"的约定，我们不得不返回教室重新走这段路。再到资源教室时，小 Z 大声哭喊："是他带着我们在跑。"显然，小 Z 是在用发脾气的方式表达不满。意识到这是一个很好的认识情绪及解决问题的教育契机，我调整了学习内容：首先，我们一起画小 Z 进资源教室后的表情，通过观察他的表情变化，感知他的情绪变化，练习表情与情绪的相关性问题。随后，我们对"是大问题还是小问题"展开讨论，讨论在学校里哪些问题的严重程度是 10（如地震、严重受伤等），哪些问题的严重程度是 5 或者 1。接着，我们讨论不同程度的问题分别与哪些情绪有关。小 P 说："情绪可能使问题变得更糟糕，甚至失去继续活动的可能。"之后，我们学习将不同程度的问题与预期的反应和情绪进行搭配。最后，我们回到故事的开头，讨论上课前这一状况对应的问题等级，复盘当时的情绪回应。

经过一段时间的训练，小 Z 出现大哭大闹、无法控制情绪的情况明显减少。根据教师的反馈，其他小组成员有了不同程度的进步。

六、总结

每个学生都是独一无二的，都可以成为最棒的自己，正所谓"天生我材必有用"。多元与差异让这个世界变得有趣和丰富。不管你是耀眼的太阳，还是夜空中的星星，在华旭双语都会被尊重、被温柔地对待，都会有一支专业且充满爱心的团队呵护你、支持你的每一步的成长。

IN a Silent way

以爱育心

营造爱的教育场

华旭双语自建校以来，一直坚持以关爱为教育根本的理念。这个板块以"以爱育心"为题，主要介绍了华旭双语从幼儿园到高中十二年一贯制教育体系中持续、递进的学生成长活动，让学生感受爱、体会爱、学会爱；介绍了对学生心理健康产生积极影响的工作体系，让学生了解自己、关爱自己、悦纳自己。

学生成长活动

华旭双语以体验式学习理论为依据，以课堂学习为基本形式，注重学生在参与实践活动中的情感体验与习惯养成，同时注重学生正确世界观、人生观和价值观的形成，达到五育并举、全面成长的目标。

学生成长活动是学校教育的重要组成部分。华旭双语的十二年一贯制教育体系为学生提供了持续递进的成长活动，让学生在成长过程中参与不同领域的活动，探索不同领域的乐趣，包括社会实践、文化体验、科技创新、劳动教育、艺术表演等。学生成长活动的形式多样，包括主题活动、课程活动、户外拓展、社会实践、公益活动等。艺术表演可以培养学生的审美情趣，提高学生的艺术修养；体育活动可以增强学生的体质，提高学生的运动技能；科技活动可以培养学生的创新意识，提高学生的科技素养；社会实践可以增强学生的社会责任感，提高学生的实践能力。学生活动是学生成长的重要途径，可以丰富学生的课余生活，培养学生的兴趣爱好，增强学生的团队协作能力，提高学生的综合素质，促进学生全面发展。

本板块主要介绍冬日慈善活动、十岁成长礼、社会实践活动、劳动教育活动、户外探险活动、支教活动。从幼儿园到高中，学生在不同阶段参与符合自己年龄的活动，且在活动中找到自我价值。

通过活动，学生可以深入了解学术领域，同时也可以在活动中感受到被赞誉的快感，激发学习兴趣和积极性；还可以在实践中不断成长和进步，并不断地发现自身的潜力和价值；学生须在团队中合作学习和共同成长，有助于其发展团队意识和协作精神；在这些活动中，学生会与不同的人交流、合作、互动，扩宽自己的社交圈，同时也增强了自己的社会实践能力；通过不同的活动，学生能够自我理解、自我表达、自我发掘，进而在学习、社交以及人生意义方面实现全面发展。

因此，学生成长活动是促进学生全面发展的重要途径，也是推进学校教育改革的重要组成部分。在一个全新的教育时代，学生成长活动将促进学生终身学习的意识，增强自我发展能力，拓宽社交和人际关系，为成为"扎根于中华传统文化、成功的学习者和优秀的中国公民"做好准备。

学生心理健康

教育是"用心灵影响心灵，用生命影响生命"的事业。自2015年建校以来，在《中小学心理健康教育指导纲要》《关于加强青少年心理健康教育的若干意见》的指导下，从契合孩子的身心发展规律和学校学生的特点出发，华旭双语探索了学生成长教育体系下的心理健康教育之路。

心理健康教育是一种旨在提高个体心理素质、促进心理健康发展、预防心理问题的教育活动。心理健康教育不仅可以帮助我们更好地认识自己，悦纳自我，提高自信心和自尊心，从而更好地应对生活中的挑战和压力，提高生活质量和幸福感，而且是人才培养的重要组成部分。通过提高国民的心理健康水平，国家可以培养出更多具有创新精神、团队协作能力和良好心理素质的人才，为国家的长远发展提供有力支持。本板块还从学校心理健康教育整体设计、一线教师的经验总结、心理辅导个案讨论等视角，向读者展现学校心理健康教育的三维立体结构。

通过教师团队的不断探索，学校初步形成了自己的心理健康特色，并取得了一定的工作成效，如健全组织机构、规范制度建设、设置"玫瑰心语屋"心理健康室；用课程为学生育心，培养积极的心理品质；以活动为学生育心，开展点亮心灯心理健康活动月（季），特色项目"树洞"活动等。学校通过心理健康教育，帮助学生了解心理健康知识，提高自我认知能力，学会情绪管理和压力调适，从而促进其心理健康。系统的心理健康教育能够培养出学生更强的心理韧性，使学生在面对挑战和困难时能够保持积极态度，提高解决问题的能力。学校心理健康教育注重个体差异，提供个性化的咨询和指导，满足学生不同的心理需求。心理健康教育也整合了学校、家庭和社会的资源，形成教育合力，为学生提供全面的支持。同时学校还注重营造一个理解、尊重、关爱的校园文化氛围，为学生提供一个健康成长的生态环境。

以爱育心是华旭双语教育的特质，也是核心价值之一。华旭双语将学生成长活动和学生心理辅导作为关爱学生成长的重要手段，注重学生的个性发展，培养学生的兴趣爱好，提高学生的综合素质，为学生的终身发展奠定基础。

浅谈中小学生社会实践中德育的渗透与实施

徐嘉乐

摘　要： 社会实践是帮助中小学生认识社会、适应社会的重要教学组成，在学生成长中起着十分重要的作用。在开展社会实践过程中，学校需要有明确的目标和科学的设计，将道德观念、行为方式用符合学生发展规律的方式进行正确的引导，发挥社会实践的育人作用。

关键词： 中小学　社会实践　德育实施

2022年3月，教育部下发修订后的《义务教育课程方案（2022年版）》，提出义务教育阶段培养目标为："义务教育要在坚定理想信念、厚植爱国主义情怀、加强品德修养、增长知识见识、培养奋斗精神、增强综合素质上下功夫，使学生有理想、有本领、有担当，培养德智体美劳全面发展的社会主义建设者和接班人"，突出了义务教育阶段学生全面发展的培养目标。为了实现这一目标，《义务教育课程方案（2022年版）》又在基本原则中提出"加强课程与生产劳动、社会实践的结合，充分发挥实践的独特育人功能"。①

社会实践是中小学生开始认识社会的重要途径，将成为义务教育阶段中非常重

---

① 中华人民共和国教育部. 义务教育课程方案（2022年版）[M]. 北京：北京师范大学出版社，2022.

要的教学组成部分，承担着让学生在"做中学""用中学""创中学"的重要使命。怎样科学设计中小学社会实践的内容，怎样有效开展社会实践，使社会实践真正发挥育人作用，是本文主要探讨的问题。

一、明确中小学社会实践的德育目标

（一）社会实践与品德教育相结合

在学校课程中，道德与法治是一门非常重要的课程，课程中对学生阐述的道德观念、行为规范等品德教育内容，是学校德育工作的重点。学生在书本中所学、通过教师的案例分享所得，都不如自己亲身经历印象深刻。社会实践就是学生学以致用的良好机会，使学生从被动地接受到主动地获得。学校在组织社会实践活动过程中，需要关注学生在社会实践过程中道德品质的体现，比如在公共场合低声说话、参展时不随意触摸展品、保护环境等。

（二）社会实践与生活实际相结合

社会实践是学生认识社会、适应社会的重要窗口。在实践过程中，学生可以积累生活经验，增长见识，还可以运用平日所学实践与人相处、合作及解决问题的方法。学校在组织社会实践过程中，需要考虑社会实践内容的实用性，切不可局限于组织参观红色纪念馆、科技馆、博物馆这样的活动，而应拓宽思考范围。

（三）社会实践与劳动教育相结合

习近平总书记提出"努力构建德智体美劳全面培养的教育体系"。中共中央、国务院部署全面加强新时代大中小学劳动教育，标志着育人方式进入"五育并举"新时代。学校在组织社会实践过程中，可以积极推动整个社会对学生开放，将社会实践的课堂放在生产的第一线，帮助中小学生培育创新意识和实际动手的能力，实现综合发展。将社会实践与劳动教育相结合，也可以解决劳动教育课时难、场地难的问题。

（四）社会实践与家庭教育相结合

社会实践不仅仅是学校的育人任务，还需要家庭共同参与。通过活动前发放家长告知书、活动后让家长参与学生评价等方式，建立社会实践的家校共育。

二、中小学社会实践的板块化实施

（一）社会实践开展阶段的板块化实施

中小学校开展学生社会实践可以将组织工作分板块进行，不同板块具有不同的育人作用，也有不同的侧重点。按照社会实践活动开展的不同阶段，可分为准备阶段、实施阶段、评价阶段三个板块。

在准备阶段，需要确定社会实践目的地和实践内容，制作社会实践学生手册，下发告家长书，学生宣讲。在这一阶段需要教师、学生、家长三方面的充分准备。教师需要明确社会实践的育人目标实施中的主要活动内容，对学生的观察点和引导。学生需要了解去哪儿、去做什么、为什么去做、怎样去做和注意事项。家长需要了解社会实践的内容和目的，以及可以给予的支持。

在实施阶段，包括参观内容、听讲内容、实践内容、问题解决、小组合作、汇报成果等环节。实施阶段是社会实践的核心，也是社会实践能否达到育人目标的关键。虽然在准备阶段已经参照目标进行了设计，但实施阶段才是学生真正去实践体验的过程。需要组织者充分关注学生参与的每一个环节。

在评价阶段，包括学生对参与社会实践的总结、成果展示，教师、家长对学生评价，学生、教师、家长对社会实践活动的评价，社会实践基地的反馈意见收集等。

（二）社会实践参与者的板块化实施

社会实践的参与者大致包含教师、学生、家长以及实践基地，学校可以从参与者角度对社会实践进行板块化实施。

中小学社会实践板块化实施表

参与者	开展阶段		
	准备阶段	实施阶段	评价阶段
学生	了解内容与目标	参与实践	总结自身，评价活动
教师	确定社会实践目的地和实践内容，制作学生手册	观察学生，给予帮助	评价学生，评价活动，资料留存
家长	了解内容与目标	以志愿者形式支持活动	评价学生，评价活动
实践基地	准备学生参与活动的各环节材料和人员	组织开展活动	评价学校参与情况

三、社会实践学生手册设计

在社会实践中，学生手册可以展现社会实践各环节的重要内容，使参与者更加清晰，并且起到资料留存的作用。手册中可以包含实践基地的介绍、行前知识积累、行前准备、学生安全须知、实践任务以及学生实践中的记录、评价等。

四、社会实践的评价奖励机制

在一次社会实践活动的实施中，最后的评价环节起着反思总结的重要作用。对于学校组织者而言，评价能及时发现社会实践活动与学生的契合度，检验育人效果，改进不足。对于学生而言，评价能促使自己反思总结，发现自己参与活动的质量，进一步提升自己的表现。对于家长而言，评价也给予了家校共育的机会。

评价应结合德育目标多维度展开。针对不同的社会实践内容及目标，对学生设置不同的评价细则。例如，社会实践内容中包括小组合作探索任务，则可在评价中加入团队合作能力的评价细则；社会实践内容中包括手工制作，则可在评价中加入动手能力的评价细则。评价的方式可采用教师评价、生生评价、家长评价、社会实践基地评价等进行，以更加全面地为学生发展给予支持。

总而言之，社会实践活动是实施德育最有效的途径之一，是中小学生发展中不可缺少的环节。学校在实施过程中应进一步明确德育目标，科学设计各板块内容，渗透德育元素，促使学生形成正确的价值观。

让幸福像花儿一样绽放
——基于学生身心健康成长的华旭双语劳动教育

李炜佳

摘　要： 华旭双语的"华小'淘'成长记"项目化学习，是一个以学校沁园中的桃林为依托的跨学科劳动实践类活动项目。此项目是一个贯穿小学全学段的项目，目的在于充分发挥劳动的树德、增智、强体、育美等育人功能。项目的核心是让学生以问题为导向，自主设计并完成一个真实且有挑战性的任务，鼓励学生将不同学科的知识进行整合，从而实现知识的应用和创新。项目强调学生的动手实践，让学生通过亲身参与劳动，体验劳动的价值和意义。

关键词： 项目化学习　跨学科学习　团队合作　全学段覆盖

华旭双语为十二年一贯制教育体系的民办双语学校，学生家庭条件基本较好，普遍缺乏劳动教育，从现实问题的紧迫性和对学生未来的发展考虑，加强劳动教育势在必行。为了全面促进学生的个性发展和能力培养，教育部提出了"五育"并举的目标，即注重德育、智育、体育、美育和劳育的协调发展。为了落实"五育"并举工作，也为了切实完成学校的育人目标，即致力于培养"以中华优秀传统文化为根基，具有国际竞争力、成功的学习者"，学校完成了有体系的、以问题为导向的劳动教育实施方案，并把劳动教育和学生的全生涯规划教育融为一体，使得学校的劳动教育有计划、有特色、有体系，真正地做到把劳动教育根植于学生的内心，以增强学生的幸福感。

幼儿园的园中小小饲养员及自我服务劳动教育，小学部的"华小'淘'"项目化劳动教育体系，初中部结合非遗项目以及社会劳动基地，高中部结合江西铅山支教项目，形成了极具华旭双语特色的劳动教育体系。

一、学校劳动教育工作基础

2019年，全国教育工作会议提出"有效开展劳动教育"。2020年3月，中共中央、国务院出台《关于全面加强新时代大中小学劳动教育的意见》，对劳动教育做出顶层设计和全面部署。各级政府随之积极响应，结合各区域的特点，相继出台了相配套的文件并予以贯彻落实。为使劳动教育扎扎实实地推进，教育部先后印发了《大中小学劳动教育指导纲要（试行）》和《义务教育劳动课程标准（2022年版）》，前者对劳动教育的实施进行了全面指导，后者是落实中共中央、国务院的要求，单独开设劳动课程，进一步明确了劳动课程作为国家课程的必修课地位，并优化了劳动课程内容的结构。文件研制了劳动课程的学业质量标准，增强了实施途径的指导，加强了各学段之间的衔接。研读文件之后，我们认识到文件彰显了劳动教育的四大理念：强化学生劳动观念，弘扬劳动精神；强调学生身心参与，注重手脑并用；继承优良传统，彰显时代特征；发挥主体作用，激发创新创造。[1]

近年来，在青少年中出现了不珍惜劳动成果、不想劳动、不会劳动的现象，劳动的独特育人价值在一定程度上被忽视，劳动教育被淡化、弱化问题较为突出，长此以往，青少年可能会滋生好逸恶劳、不劳而获的错误思想，产生铺张浪费、好吃懒做的不良行为，与劳动人民的情感淡薄，对青少年的身心产生不利影响，严重影响社会主义建设者和接班人的培养质量。

教育部在2017年发布的《中小学德育工作指南》中强调了学校德育的重要地位和作用，这体现了我国教育事业对学生道德品质和综合素养的高度重视。我们要

 ① 教育部.义务教育劳动课程标准（2022年版）[M].北京：北京师范大学出版社，2022.

有计划、有组织、有系统地对学生进行有道德影响的活动，培养学生的道德品质，使学生形成正确的世界观、人生观和价值观。这种道德影响不仅来自课堂教学，还贯穿于学生的日常学习生活和交往中。

在活动中潜移默化地对学生进行理想信念教育、社会主义核心价值观教育、中华优秀传统文化教育、生态文明教育、心理健康教育；帮助学生把握价值目标，了解家乡的发展变化及风土人情；并在活动中引导学生讲文明、懂礼貌、知礼节、敬长辈、尊朋友、重友情、爱劳动；同时引导学生珍视集体荣誉，维护集体利益；也让学生在活动中学会明辨是非、坚韧豁达、奋发向上，养成勤俭节约、吃苦耐劳、言行一致的行为习惯。最后希望学生能在活动中认识自我与尊重生命，学会人际交往与情绪调适，学会学习与适应社会生活。

二、小学部开展学生劳动教育的条件

华旭双语地处嘉定区安亭镇，离市区较远。在学校开办之初，校长便在操场的最南侧修建了一座学生种植基地——沁园。沁园占地面积为 3 500 平方米，建成的最初目的是想让学生感受四季的更替、万物的生长，品尝劳动成果的甘甜，以及植物最初的滋味。沁园中有品类繁多的蔬菜，不同季节有不同的收获品种，这也让学生深切地感受到劳动的光荣以及收获的美好。除了蔬菜种植之外，沁园中还有一个占地 1 500 平方米的桃园，桃园中现有桃树 48 棵，完全能满足小学部学生的劳动需求。春天，园子里桃花盛开，灿若云霞；初夏，蟠桃挂满枝头，果实累累。我们的"华小'淘'"计划也就应运而生了。"华小'淘'成长记"是以学校沁园为依托的德育综合实践类项目化活动，是围绕华旭双语沁园中的桃园而开展的一系列项目化学习，旨在让全体小学生参与其中，有所获得。"华小'淘'成长记"这个名称有三层含义：一是借用谐音，指华旭双语沁园"桃"子的成长过程由学生参与其中；二是华旭双语的"小淘气"们，在项目化学习中得到锻炼、得到成长；三是学生需要用在校五年的时间，才能完成所有的综合活动学习，而这也恰恰是学生从懵懵懂懂的小朋友到朝气蓬勃的少年所要走过的路程。当桃子成熟时，"华小'淘'"们也长大了，他们在学校不仅收获了果实，也收获了成长。

三、小学部劳动教育培养目标

（一）对学生进行社会主义核心价值观的教育

在活动中让学生了解家乡和祖国的变化，了解中华民族历史文化，感受幸福生活与国家富强、社会文明之间的密切关系。引导学生讲文明、懂礼貌、知礼节、敬长辈、尊朋友、重友情、爱劳动；引导学生了解个人和集体之间的关系，珍视集体荣誉，维护集体利益。

（二）对学生进行中华优秀传统文化教育

在活动中引导学生正确处理个人与他人、个人与社会、个人与自然的关系，形成乐于奉献、热心公益慈善的良好风尚，积极争做高素养、讲文明、有爱心的中国人。

（三）对学生进行生态文明教育

通过项目化学习，让学生以问题为导向，自主设计和完成一个真实、有挑战性的项目，从而实践和应用所学知识，培养解决问题和合作能力。在活动中让学生认识大自然，学会与大自然和谐相处，树立尊重自然、顺应自然、保护自然的发展理念，树立可持续发展观念，养成勤俭节约、低碳环保、自觉劳动的生活习惯。

（四）对学生进行心理健康教育

引导学生正确认识自我，认识每一个生命的独特性，提高自主能力和自我教育能力，增强调控心理、应对挫折、适应环境的能力。

四、学生的学习目标

可从以下三个方面提升华旭双语学子的核心素养：

（一）文化基础

一是人文底蕴。通过活动让学生知晓春播、夏耘、秋收、冬藏的农耕文化，能理解、尊重劳动者的辛劳，从小树立珍惜劳动成果的意识和人文情怀。

二是科学精神。让学生在田间地头向劳动者学习，通过现场锄草、施肥、挖沟等活动了解如何使用农具，并引导学生思考如何提高劳动效率，从而引发对改变家乡、建设家乡的美好思考。

（二）自主发展

一是学会学习。学生能在果园农技师的指导之下，了解初步的果树栽培过程以及采摘、包装过程，并能在此过程中逐步提升自我的反思意识和习惯，学会主动学习。

二是健康生活。在活动实践过程中，引导学生不断提升个人的自我管理能力，提升劳作的安全意识，提升团队的协作能力与品质。

（三）社会参与

提升学生的责任担当意识，让学生初步形成主动关心他人的意识和公共服务的意识，体悟以自己的服务、劳动为他人创造便利的自豪感和幸福感；初步学会与他人合作劳动，形成尊重劳动和劳动者的态度，以及感恩他人劳动付出的劳动情感。

五、"华小'淘'"成长记——以小学部为例的劳动教育实施路径与举措

（一）主要举措

依托学校沁园种植基地，在桃树成长的各个时间段分年级组织学生前往桃园参加综合实践活动。

通过分年级对沁园桃树锄草、浇水、挖沟通气、除病虫害、套袋、采摘、挑选、包装、销售等一系列活动，让学生懂得劳动最光荣、劳动最崇高、劳动最伟大、劳动最美丽的道理。

通过设计包装和销售口号，全校海选，提高学生的审美情趣和集体荣誉感。

通过对沁园桃树的养护、观察，让学生了解植物生长的基本知识，以及果树成

熟的过程，逐步培养学生以问题为导向的探究精神。

结合华旭双语大讲堂，邀请农林专家来给学生上浅显易懂的果树栽培课，提高学生的学习兴趣。

邀请销售高手来给学生做销售培训，以提高学生线上和线下的销售兴趣。

所得销售额除去包装成本后将全部捐献给学校的对口帮扶学校——江西铅山畲族小学，让学生知道，自己的汗水是可以转换成爱心传递的，这将更加激发学生的社会责任感。

对于学校而言，这个活动是在每学年的第二学期开展，但对于学生而言，每年他们都将参与其中的一个环节，当他们五年级毕业的时候，也正是华小"淘"长成之时。

各年级活动安排表

年级	活动设计
一年级	春暖花开的时节，让一年级学生通过锄草、观赏桃花等方式，了解桃子的成长过程。基地工人的讲解为学生提供实际知识。
二年级	在桃花谢去的时候，让二年级学生说说和一年级时看到的果园的区别，让学生观察果园变化，感知植物成长的过程，学习桃树的养护。科学老师开展科普讲座，加深学生对自然的认识。
三年级	学生参与桃树的养护，通过科学老师的讲解深入了解桃子的成长过程，同时在劳作中体会果园工作的辛苦。
四年级	学生学习如何保护果实、提高产量、给果实套袋等技能。评价自己的劳动成果，为最后的丰收期待打下基础。
五年级	学生参与采摘，区分果实的成熟度，保证果实的完整，最后分等级装箱并进行售卖。学生感受到劳动的辛苦，学到实际的销售技能。
全年级	通过设计包装，让学生感受到华小"淘"的成长，并通过将销售所得款项捐赠给学校对口帮扶学校，培养学生的社会责任感。

此项目从每年春暖花开的时节开始到桃树挂果枝头、摘果、打包、售卖结束，预计将通过一个学期的时间完成。

2月，春暖花开时，一年级学生前往沁园开启劳动综合实践活动周，给桃树锄草，观赏桃花和桃树，并请基地工人来讲解桃子的成长过程。

3月，二年级的劳动综合实践活动周，此时果园里桃花已经落尽，请二年级学生前往果园观察桃花谢了之后会有哪些变化，并请科学老师做科普讲座。以班级为单位给果树锄草、浇水，并观察树干是否有桃胶析出。

4 月，三年级的劳动综合实践活动周，请三年级学生前往沁园，再次给桃树锄草、浇水、通气，通过科学老师的讲解了解桃子的成长过程，在劳作中体会果园工作的不易，并对最后的成果有所期待。

5 月，四年级的劳动综合实践活动周，此时果树已经开始挂果，学生必须通过事先了解，知道如何保护果实、提高产量、给果实套袋，并评价自己此次劳动周的收获以及对最后丰收的期待。请全体学生对最后的果实包装做出设计，并集思广益设计销售广告语。在海选之后，把得票最高的设计制作成实物，为 6 月的销售做准备。

6 月，五年级的学生劳动综合实践活动周，此时桃园里已经果实累累，学生需要根据果实的成熟度进行采摘，在采摘的过程中必须保证果实的完整度，最后挑选后分等级装箱，在线上和线下进行售卖，感受劳动的艰辛和不易。

7 月，通过江西铅山支教研学活动，把销售所得款项全部捐赠给学校的对口帮扶学校——江西铅山畲族小学，让劳动的成果真正落到实处。

9 月，开展活动项目化成果展示交流活动。

（二）劳动教育成果展示

一是设计《综合实践活动周课程建议手册》、面向每位参与教师的《教师指导手册》和面向每个学生的《学生活动手册》。

二是展示活动项目化资料及成果集，展示活动过程，进行活动总结。

三是开展活动项目化成果展示活动，邀请专家及同类学校开展成果介绍和交流活动。

（三）保障措施

为了有效开展活动实践，要做好以下保障措施：

1. 实施过程的保障

每个年级设计本年级的综合实践活动周课程手册，确保各部门负责人、各班正副班主任工作到位、学生实践到位，最大限度发挥立德树人的教育成效。手册应包括面向课程组织者的《综合实践活动周课程建议手册》、面向每位带队教师的《教师指导手册》和面向每个学生的《学生活动手册》。

2. 师资队伍

通过完善工作实施流程，促使各部门之间协同配合，分工到位。以学部校长为领导小组组长，学部校长助理为副组长，以各年级组为主体，各行政部门须积极配合。

建立完善的师资和教研队伍，活动前有培训，做到目标明晰；活动中积极参与，做到及时相互补位；活动后有总结，做到评价与反思共行。

3. 后勤保障

建立完善的安全保障机制，建立固定的劳动场地，拟定学生安全劳动预案，强化组织管理和活动过程中的安全指导，确保各年级劳动综合实践活动周安全、圆满地实施。

学生健康中心提供保障与支持，以确保实施过程安全有序。

4. 经费保障

学校学生成长教育中心有专门预算支持此项活动项目化学习推进，用于设备采购、专家咨询、展示活动开展等。

高中德育路径的探索与践行
——以江西铅山支教研学活动为例

刘益君

摘　要： 本研究旨在探析并实践高中德育的新路径，特别聚焦于利用研学活动这一载体，以期有效提升学生的综合素养，实现学校的育人目标。本文选取江西铅山支教研学项目作为典型个案，深度剖析研学旅行在德育实践中准备工作背后的教育思考与实践后的收获与经验，以期为同类校际德育活动的设计与推行提供有价值的借鉴与启示。整体而言，本研究不仅理论性地论证了研学旅行在高中德育教育中的重要价值，更通过实证操作，为创新德育实践、培养德才兼备的现代高中生提供了可操作、可推广的经验模式。

关键词： 德育教育　研学旅行　实践路径　案例分析　反思性学习

"德育实为完全人格之本，若无德，则虽体魄智力发达，适足助其为恶，无益也。"德育对于引导学生树立正确的世界观、人生观和价值观具有深刻的影响，它为广大中小学生的人生成长提供了坚实的思想基础。因此，我们必须始终秉持"立德树人"的教学理念。

然而，在当下社会背景下进行有效的德育并非易事，尤其面对高中生群体。唐千指出，一味地说教效果甚微，甚至"在某种程度上会增加学生的抵触心理"。他进一步强调，"设计和主题必须要有一定的吸引力和价值性，让学生能够参与在其中、思考在其中、受益在其中"。① 因此，我们必须对教学方式进行优化，以更好地"润化"学生。本研究将以上海华旭双语学校高中部江西铅山支教研学活动为例，深入探讨高中德育路径。

一、背景介绍

笔者所在的上海华旭双语学校是一所涵盖幼儿园到高中教育的综合型学校，其独特的办学理念和丰富的特色教育为高中德育路径的深入研究提供了有力的支持。学校的愿景是着眼于未来，立志创办一所影响世界的中国学校。在这个愿景的引领下，学校制定了积极的学校使命：融合东西方优秀教育理念，贯彻党的教育方针，提供适合每一个学生全面发展的优质现代教育。这一使命不仅体现了对综合素质教育的坚持，更凸显了对党的教育方针的忠诚与贯彻。

学校的育人目标旨在培养"以中华优秀传统文化为根基，具有国际竞争力、成功的学习者"。在此育人目标的指引下，学校更是搭建了学生成长教育体系，明确了培养具备十二大素养的综合性人才的目标。

校训"学为日进，人为日省"贯穿于学校的教育理念中，强调学习的不断进取与个体的日常反思。这一校训不仅是对学生学业上的要求，更是对个体价值观和道德观的追求，为学生在德育中的全面发展提供了深刻的启示。

学校教育具有优质、融合、多元和关爱四个显著特征。这些特征强调学生不仅能够获得优质的知识，更能够在关爱与融合的氛围中发展成具有社会责任感和人文精神的个体。学校的办学理念涵盖了全人教育的理念，为德育的深入研究提供了有力支持。

每年 11 月，高中部会组织学生进行支教研学活动。这不仅是学生 CAS 经历的重要组成部分，实践了 IB 国际文凭的培养目标，同时是发展学生核心素养的有效手段。自 2016 年以来，我们已经四次组织学生前往江西铅山太源畲族正心学校进行支教研学活动。

---

① 唐千. 县域高中德育主题活动实践探究［J］. 甘肃教育，2023（04）：30—33.

二、研究目的与意义

本研究旨在通过深入挖掘实际案例，全面探索高中德育路径的设计，系统总结所得的经验和教训。这一过程旨在为学校提供深刻的参考经验和思路，从而推动其在德育实践方面的进一步发展。

在当前社会高度关注学生成长和德育的时代背景下，本研究的意义在于推动高中德育的创新与发展。通过深入分析实际案例，研究将为学校提供宝贵的经验，为培养具有社会责任感和人文精神的新一代青年提供有益的借鉴与启示。这不仅有助于学校更好地实践德育目标，也为整个高中德育领域的不断创新提升提供了参考。

三、江西铅山支教研学活动准备与实践

江西铅山支教研学活动的成功开展离不开各个组织及部门的通力协作。现将此次活动的组织框架概览进行梳理，以便其他相关组织协调员参考。

活动的筹备和组织工作涉及众多细节，无法一一涵盖，以下是其中的关键步骤和布局思考的分享：

（一）导师指导下的团队分工协作

报名学生来自十、十一年级的不同班级。为了更好地组织支教研学活动，我们对班级进行适度调整，以保证每位随队导师负责的学生数量基本均衡。在每个小组内，我们设立了学生组长和副组长，以锻炼学生的领导力并促进团队内部的有效协作。在这一调整的过程中，我们确保熟悉学生情况的教师，特别是班主任的积极参与。具体而言，我们将班主任及学科教师纳入分组的过程，他们对学生有着深入的了解。在分组时，我们考虑了以下几个方面：

其一，确保学生有熟悉的朋友在一组，不会落单，心理的熟悉感可以增强安全感。

其二，尽量将相对薄弱的学生分配到班主任所在的组，以确保他们能够得到更多关注和支持。

其三，对于可能相互干扰的学生，我们进行适当分离，以创造更好的学习

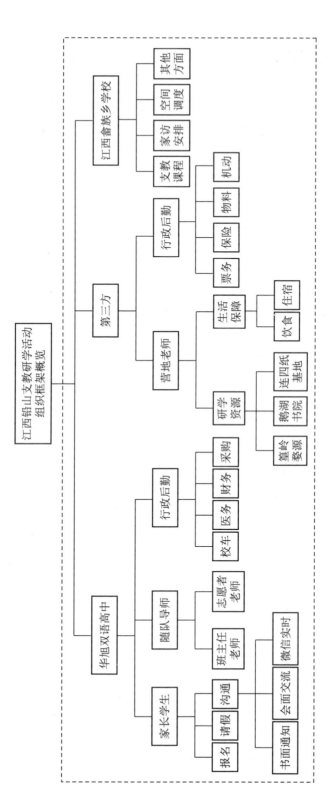

江西铅山支教研学活动组织结构图

环境。

其四，将有着共同任务和目标的学生分为一组，以便更好地协作完成任务，如纪录片组。

这一调整考虑了学生的学业水平、性格特点以及团队协作等多个方面，旨在提高支教研学活动的效果，使每个学生得到个性化的关注和指导。这样的分组策略有助于打造更为融洽、协调的支教团队。

（二）目标导向及结营仪式流程设计

在江西铅山支教研学活动的筹备设计时，我们思考了德育难以设定标准、量化和评估的问题，同时也考虑到小组成员"搭便车、不干活"的情况也可能发生。为了应对这些问题，我们采取了一系列措施，注重设定目标、建立标准以及运用激励机制，以打造积极向上、标准明确的德育环境，调动学生的积极性和主动性。

一是过程性反馈。协调员老师在集会中明确提出标准，确保学生清晰了解活动的期望和要求。同时，随队导师通过观察学生的行为和表现，提供有针对性的反馈，以确保他们在支教课堂中形成正确的德育标准。

二是学生间反馈。学生之间建立互相监督和激励的机制，通过优秀学生的引领，形成积极的学习氛围。在支教课堂中，畲族乡学生对华旭双语"小老师"的表现提出反馈，同时激励了"小老师们"积极备课、及时调整教学方案。

三是奖品激励。通过设立个人奖励，每组评选最佳贡献奖；设定团队奖项，奖励展示最佳的小组，形成了良性竞争机制。这些奖励不仅认可了学生在德育活动中的表现，也激发了他们的积极性和主动参与。

最后，通过制定详细的目标和评估导向的活动设计，我们确保了支教研学活动的有序进行。这些措施共同构建了一个有序、规范、激励的实践学习环境，推动学生在支教研学活动中全面成长。

（三）将抽象的品德教育概念具体化

在《学会关心：教育的另一种模式》中，内尔·诺丁斯提出的德育理念凸显实际行动和直接接触的重要性，她强调"如何教育关心"应该通过实际的演示树立榜样，避免简单的告诫。此外，她倡导通过讨论而非灌输来培养学生的价值观，避免

"技术与价值、思想与行动的分离"。①

在支教研学活动中，这一理念得到了具体的体现。首先，教师在活动初期偶然获知有学生在活动期间过生日，我们不是仅停留在简单的祝福，而是通过仔细地观察和倾听，发现了这个小而有意义的细节。紧接着，教师之间发起了一场关于如何以更温馨、独特的方式庆祝生日的讨论，最终决定给参加篝火晚会的双方学校师生一个惊喜，为 11 月出生的学生和教师过一场集体生日，共同分享喜悦。

在活动的结营仪式上，我们进一步将感恩的理念付诸实际。邀请擅长绘画的学生为教师们手绘画像，我们通过实际行动表达了对全体教师的感谢之情。面对"摄影师"未提前准备画像礼物的情况，我们迅速做出反应，邀请学生进行绘画，以确保每一位支持活动的教师和后勤人员都能收到我们的诚挚感谢。这一举措不仅体现了对关心的实际演示，也是对诺丁斯观点的有力回应。因为爱虽然看似抽象，却比任何事物都更加具体。在收获爱和回馈爱的过程中，我们体验了爱的教育。

四、江西铅山支教研学活动成果与分析

（一）学生的成果与反馈

我从第一视角分享两个小组完整的支教设计以及相应的教学成果。

第二小组在随队导师祝琴琴的引导下，为支教活动做了周详的准备。该小组首先明确了一个共同的目标主题：梦想。他们根据学生的才能将课程划分为三个类型：班会课、美术课和体育课。在班会课上，"小老师"以"认识自我：探索未来"为学习目标，引导学生进行价值观排序，描绘人生曲线，探讨人生的意义。在美术课上，小组将班级学生分组，三位美术"小老师"共同参与，通过有针对性的问题引导，成功帮助学生完成了关于梦想的美术作业。在体育课上，体育"老师们"将橄榄球引入畲族乡学校，教授了学生橄榄球的基本规则、分配球员角色，并传授了进攻和防守的打法。最终，"小老师们"将橄榄球送给了当地学生，以丰富他们的课外活动。

---

① 内尔·诺丁斯. 学会关心：教育的另一种模式 [M]. 于天龙，译. 北京：教育科学出版社，2011.

第三小组为畲族乡的学生策划了一系列丰富多彩的课程，包括破冰与化学实验、意象与诗歌创作、摄影与素描、数学概率以及英语课程等。陈佳佳同学作为小组组长，积极承担了领导团队和认真备课的责任。在李玟老师的指导下，"小老师们"为学生精心设计了一堂关于硝酸钾结晶的化学实验课。陈锦润和刘成灏同学是摄影爱好者，他们巧妙地融合了摄影知识和美术技巧，为学生呈现了一场关于摄影常识与素描技巧的视觉艺术课。此外，杜奕轩和姚怡同学将语文课上学到的意象与诗歌创作引入太源畲族正心学校，带领学生探索学校内外的意象，并指导他们进行诗歌创作。以下是太源畲族正心学校九年级的郭正鑫同学创作的诗歌作品：

> 起初，朦胧的雾气罩在眼前，
>
> 掀开看，原是激情澎湃的篮球在飞翔；
>
> 抬头看，伴随雨滴的降落蜻蜓在轻舞；
>
> 试着听，夹杂着悦耳和熟悉的雨滴声。
>
> 合上眼，画面热血沸腾，激情奋发又不缺欢声笑语，
>
> 转眼间，广阔的场地只有一角；
>
> 万般不变，夕阳坠下，情绪悄然升起；
>
> 红色外壳，精心准备，付诸一掷，付出真心；
>
> 日日复复，虽缺三次，只盼下次。

这一组的呈现让作为老师的我感慨万千，师生之爱不同于世间其他形式的爱，它的独特在于它的指向性。其他形式的爱通常是双方指向，而师生之爱的独特之处在于传承，在于利他。教师将最好的经验传给学生，所期待的不是回报，而是学生将这份饱含爱与善的知识、技能甚至智慧内化和传承，从而正向影响更多的人。这一组让我们看到了教育的传承。

从第二视角出发，我选择在支教研学过程中发生深刻变化甚至反差的学生案例来说明研学活动对于丰富和补充学校生活的重要作用。支教研学活动为学生提供更多自我认知和发现的机会，同时也为教师提供更广泛的观察学生的维度，避免对其进行狭隘和片面的定义，甚至贴标签。在我的日常教学中，并未教授过T同学，对他的了解仅限于班会课上几次看到他凌乱的书桌，以及与班主任短暂的沟通中了解到他闲散拖沓的性格。这种印象并不正面。然而，在这次支教研学的过程中，他以"小老师"的身份在第一天的课堂上展现出了非凡的组织力、领导力、责任心，

以及在面对突发情况时的随机应变和创造性解决问题的能力。这次观察让我改变了对学生的既定印象，看到了他们身上蕴藏的巨大潜力。这不仅使我更全面地看待学生，也让学生更全面地认识自己。

从第三视角出发，我以学生调查问卷收集的反馈为基础，总结江西铅山支教研学活动的总体情况。我们通过电子问卷的形式发放调查问卷，截至 11 月 19 日，共收到了 28 份回复。关于问题"你是否愿意再次参与江西支教研学活动?"，85.19% 的学生选择愿意。在问题"你觉得江西支教研学活动对你的个人成长有何帮助? [多选题]"中，有 78.57% 的学生选择了"锻炼团队合作能力"，67.86% 的学生选择了"提高社会责任感""拓宽视野、增长见识"以及"提高领导力"。在问题"在支教活动中，哪四项素养得到了极大的提升? 请选择最符合你的观点。[多选题]"中，学生提及了所有的学习者素养，其中，选择较多的选项有沟通能力（82.14%）、关爱他人（67.86%）、勇于尝试（57.14%）、及时反思（50%）以及积极探究（39.29%）。问卷的结果清晰地显示，学生通过对活动的反思和感知，明显感受到了个人素养的提升和个人成长的变化。

（二）家长的反馈

活动结束后，我们通过调查问卷方式收集到了家长对于此次江西铅山支教研学活动的反馈。截至 11 月 19 日，我们收到了 50 份有效回复。其中，96% 的家长表示对学校组织的此次支教研学活动"非常感兴趣"或"比较感兴趣"。在活动结束后，有 98% 的家长反馈已经与孩子进行了关于此次活动的交流，其中 68% 的家长提到孩子积极地与他们分享了活动的见闻。就问题"您孩子在江西支教研学活动中是否与同学建立了更紧密的关系"而言，有 96% 的家长给予了正面反馈。对于问题"您认为江西支教研学活动对您孩子最大的影响是"，反馈最多的四项分别是：加强团队合作能力（92%），增强社会责任感（90%），拓宽视野、增长见识（80%），锻炼解决问题的能力（74%）。这一反馈与学生调查问卷的结果也基本一致。总体而言，调查结果表明家长们对于这次活动的兴趣浓厚，而且他们观察到了学生在团队协作、社会责任感和问题解决能力等方面的显著提升。有家长专门在备注中反馈"希望学校多组织类似活动，提升学生的社会责任感，培养他们的感恩之心"。

（三）随队导师的反馈

活动结束后，我们通过面对面沟通的方式收集了随队导师对于此次江西铅山支教研学活动的反馈。随队导师对于此次活动反馈普遍积极正面，他们认为此次活动"提供了更多的视角认识学生"。尽管不同组的情况略有差异，随队导师对于学生的表现整体满意。Z老师反馈："'小老师们'投入很多，用心在做事情；在上课过程中表现也很好，在冷场时'小老师们'自己做示范，慢慢带动学生；计划发生变化时，也可以及时调整；学生最大的收获是'责任'。"Y老师反馈："大部分学生都突破了自己的极限，改变了老师对学生的认知；学生最大的收获是'突破自己'。"T老师反馈："学生通过活动展现了更多的面；学生的表现让我很吃惊；学生最大的收获是'团队协作'。"

五、经验总结与未来展望

（一）活动设计指导原则

在江西铅山支教研学活动的策划与设计中，我们力求为学生成长提供全面的经历和深刻的体验。以下是关于活动设计指导原则的总结：

1. 深挖地方文旅资源

通过深入挖掘江西铅山独特的文化和旅游资源，引导学生参与当地特色活动、了解传统工艺和历史背景，为他们提供全面的文化体验。我们此次前往的太源畲族正心学校是一所少数民族学校，我们有幸体验了当地独特的风土人情，如竹竿舞等畲族民俗文化，品尝了百米千人长桌宴的传统畲族美食，感受当地饮食文化。此外，我们还前往婺源篁岭古村落欣赏最美乡村秋色，进行晒秋实践；之后到"千古一辩"鹅湖书院，与历史展开一场对话；参观了连四纸基地，学习抄纸、拓印和装订等传统手工工艺。通过亲身参与和感知，培养了师生对地方文化的浓厚兴趣。兴趣是最好的老师，之于学科如此，之于社会实践亦是。

2. 强化华旭双语学习者素养

融合中国卓越的教育传统和国际先进的教育理念，学校明确了华旭双语学子全人成长的四大领域、十二大学习者素养，旨在体现核心素养发展要求和培养学生的国际视野。在支教研学活动中，我们以这些素养为引领，通过实践帮助学生深刻感知和理解素养的重要性，从而实现全面提升。德育也要有方向和"教学目标"，一定要和学校自身的办学理念和育人目标相结合。

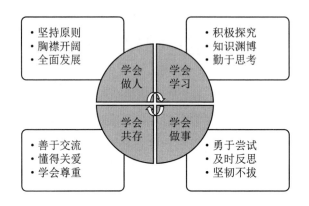

华旭双语学子全人成长的四大领域、十二大素养

3. 遵循 IB 国际文凭 CAS 学习成果要求

我们将 IB 国际文凭 CAS 学习成果的要求融入支教研学活动中，强调学生通过参与创造性、行动性、服务性的活动，认识世界的多样性，培养具有全球视野和社会责任感的卓越公民。在乡村学校支教中，学生不仅有教学机会，更有家访机会，从而帮助学生深入了解当地居民的生活。这种亲身接触有助于唤起学生对社会现实的关切，培养社会责任感和探索精神。支教研学旅途也为学生提供了自我认知的平台。面对不同文化、环境和教学条件，学生发现自己的潜力和局限性。通过与当地学生、教育工作者互动，他们展现了综合能力，更深入地了解学科优势和成长方向。德育需要为学生创造多样的平台和机遇，让学生在实践中体验、感知和习得综合技能。

4. 推动反思的发生

反思是我们支教研学活动中至关重要的一环。我们鼓励学生在活动中不仅要关注任务本身，更要时刻进行深度反思。学生通过接收反馈、教师引导以及自行觉察等多种方式，更全面地了解自己。

首先，通过接收来自他人的反馈，学生可以从不同的角度看待自己的表现，吸收他人的意见和建议，促使他们更全面地认识自己的优势和不足。其次，教师的

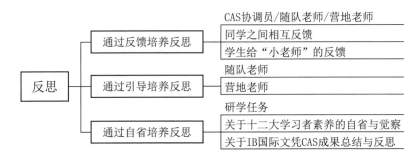

培养学生反思能力的方式和途径

引导起到关键作用，通过引导学生思考、提出问题，激发他们深入思考行为的对与错、优与劣，汲取经验和教训。最后，学生自行觉察也是培养反思能力的关键环节，通过自我观察、自我评价，使学生更主动地参与到反思过程中，不断完善自我。

德育一定要注意学生的过程性评估和反馈。这样的反思机制不仅有助于学生更好地了解自己，还培养了他们在面对挑战时持续学习和自我调整的习惯。通过这种有层次的反思过程，学生在支教研学活动中不仅提升了专业素养，同时也在个人成长中取得了更为深刻和丰富的收获。

我们不仅致力于深挖当地特色文旅资源进行研学实践，同时以华旭双语学子十二大学习者素养和IB国际文凭CAS学习成果要求为指导方向，以推动反思的进行为德育的核心工具和手段。这一设计旨在为学生成长提供更为丰富、全面的经历，并巧妙地融入学校校训的理念，以"学为日进、人为日省"为指引。

（二）活动实施完成的关键要素

此次江西铅山支教研学活动的顺利完成离不开多方的协作努力，包括学校领导对项目的重视、铺垫和支持，CAS协调员的校内资源的统筹、协调组织，以及校内各部门负责教师的通力配合，第三方以及支教学校的专业辅助和全力配合。

1. 持久的情谊，长久的合作及传承的项目

自2016年9月起，太源民族学校与华旭双语学校（当时名为华东师范大学附属双语学校）建立姐妹学校关系。2017年12月，太源民族学校正式冠名太源畲族正心学校。铅山太源畲族正心学校教育实践基地寄托了华东师范大学领导、上饶市

政府、华旭双语理事会和爱心家长始终如一的支持与无私关爱。即便面临千山万水的阻隔和疫情的考验，持久的情谊和长期的合作为此次支教研学活动的顺利开展奠定了坚实的基础。

袁平提出，高中综合实践活动具备新颖的理念和较高的综合程度，然而，由于缺少具体课程标准，实施起来存在重重困难。[1] 它对于活动策划组织者提出了全新的挑战，需要他们具备创造力、组织力和执行力，从无到有，从有到优。自2016年华旭双语高中部首次启动支教研学活动，我们的活动一直在延续。支教研学活动贵在坚持，在于学校领导对于活动意义的深刻理解和全力支持，在于每一位活动负责老师全身心投入和精心设计。他们让经验不断传承，同时根据师生群体的特点不断重新打造和具体实施。

2. 多渠道、多形式、有序推进的沟通方式

为了确保活动的有序推进，我们采用了多样化的沟通手段，以保障信息的精准传递和团队协作的高效性。我们通过不同渠道和多种形式进行沟通，具体包括：

（1）定期召开会议，提供线上或线下交流的机会，讨论活动进展、解决问题，并确保每位团队成员清晰了解任务和责任。

（2）设立不同微信群组，包括随队导师、营地教师、家委家长、学生群组等，通过微信实时沟通，方便各个团队间的紧密协作。

（3）利用电子或纸质信息进行正式文件的传递和重要信息的发布，确保信息传递的规范和记录的完整性。

这种多层次的沟通方式，旨在确保信息在团队内外全面流通、准确传递，极大地降低了信息传递的盲区。针对活动的不同阶段，我们建立了有序的沟通流程，避免了混乱和反复。

3. 过程中随机应变，适时调整方案，稳中应变达到最优

在支教研学项目具体执行时，我们面临来自现实的多重挑战。这不仅是对智力的考验，更是对心态的考验。我们须团队协作，以积极的心态共同面对问题，并通过灵活应对和方案调整，尽力取得最优解。报名时发现活动时间和学生竞赛时间冲

---

[1] 袁平. 高中综合实践活动课程深度理解与实践探究 [J]. 基础教育论坛，2023（14）：110—112.

突，与班主任确定请假的流程和标准；采购车票时发现车票不够，临时延迟半天出发，和第三方重新调整行程安排；临行前突然流感盛行，和校医协商制订流感应急方案；出发第一天就遇到学生支原体感染发烧送医院；因天气原因调整篝火晚会和学生家访时间；临时增加生日惊喜、感谢环节和补充结营仪式；等等。支教研学活动在具体实施时无法完整地设计。针对突发状况，我们团队需要展现出快速反应的能力，能够迅速调整计划，及时解决问题，确保活动能够顺利进行。这种灵活性使我们能够有效应对各种意外情况，保障整个活动的连贯性。我们在进程中也不断优化和完善活动细节，确保整个活动在各个层面都能够达到最佳状态，最终取得圆满成功。这一宝贵经验为未来类似活动提供了有益的经验和启示，使我们更有信心应对未知挑战。

（三）优化改进展望未来

1. 给予反馈的思考与改进

在活动结束后，我们通过问卷调查和面对面访谈的方式，收集了学生、家长以及随队导师的意见和建议。我们对反馈梳理与分析如下：

方面	问题梳理	分析与判断
住宿条件	关于住宿问题的反馈主要包括两个方面：（1）住宿条件差；（2）部分学生觉得其他同学住宿条件较好。 具体情况如下：（1）我们原计划安排学生住学校宿舍，但在第三方对接过程中，发现宿舍条件极差，特别是无法提供热水洗漱。后来我们紧急调整至附近的民宿。（2）民宿是我们在当地找到的最佳环境。为了住得舒适，第三方团队做了大量工作，包括重新打扫、杀虫、更换床铺等。（3）民宿最多容纳50名学生，导致学生之间住宿条件有所不同。我们将相对较好的房间分配给了低年级的女生。（4）在安排住宿的当天，有2名男生不满地表示为什么住得这么差，这一情景让我至今印象深刻。	家长的反馈主要来源于孩子，住宿问题反馈反映了一部分家长、学生将此次活动定位为"购买旅游服务"，他们期望通过支付费用获取等价或超值的"优质服务"。短期内难以转变家长、学生的这一观点，他们在一定程度上将此次活动理解为"付费吃苦"。 组织者可以采取以下措施：（1）提前向家长和学生明确活动性质，消除可能存在的误解，让他们有充分的心理准备；（2）主动与家长、学生分享背后的故事，解释调整住宿的原因和努力，以增进理解和信任；（3）对学校现有住宿条件进行公开说明，让家长和学生能够提前做出比较；（4）需要注意的是，在组织新学年的活动时，需要考虑民宿的容量，并可能需要适当筛选学生。

续表

方面	问题梳理	分析与判断
支教安排	关于支教安排，反馈主要涉及两个问题：准备时间不足，对太源畲族正心学校学生和课程进展的了解不足。 具体情况如下：（1）出发前一周正值期中考试，为了确保学生能够集中精力准备考试，前两周除非有极其必要的信息需要通知，否则不要过多干扰学生。（2）太源畲族正心学校学生有限，许多支教课程跨越多个年级，导致我们难以明确课程的具体进展。（3）随队导师在指导方面存在差异，一些导师提前告知学生相关信息，而其他一些导师则未同样操作。	这一问题可结合有关活动时间的反馈来考虑。我们选择在此时间段进行活动，主要是为了充分利用秋假时间，以减少对正常课程的影响。若在新学年组织活动，建议将秋假安排在期中考试后的第二周。这一建议须提前向校历负责老师提出。另外，支教研学活动需要提前充分准备，以确保学生有足够的准备时间。
行程安排	因时间有限，导致体验感略有不足，尤其是在婺源。	为避免行程过于紧凑，我们需要适度留白。新学年的规划设计将考虑更深度的体验，以提高整体活动品质。
教师交流	利用支教契机，在自愿的前提下增加教师之间的交流和资源分享。	这是一个很好的建议。通过提前准备和协调安排，同时兼顾对学生的教导和教师之间的分享，这对发挥支教的作用将大有助力。

2. 来年的设想与创新可能

经过此次江西铅山支教研学活动，当前的十、十一年级学生在支教研学方面已有切实的体验和感知，同时导师团队也更深刻地理解了支教的意义以及如何更有效地支持学生。展望未来，我们的愿景不仅仅是延续支教的常规模式，更期望通过创新和突破，推动支教研学活动的进一步发展和升级。基于此，我提出以下思路和设想：

（1）结合学科探索与研究。在具体实施上，我们可以考虑将支教研学任务与各学科的探究融为一体，以确保学生在实践中深化对课本知识的理解和运用。例如，第一学科组关注全球性问题研究，第二学科组深入研究少数民族语言，第三学科组探讨社会问题，第四学科组挖掘生物多样性问题，第五学科组研究当地艺术和音乐等。为实现这一目标，我们须提前做好充分的准备和深入的沟通，与各学科组教师展开全面讨论，确保任务的有机整合。

（2）高阶能力的培养。基于教育心理学家本杰明·布鲁姆的教育目标分类法进行任务问题设计，我们可以重新设计支教研学任务，更注重培养高中生的高阶能力，尤其是批判性思考能力。

（3）明确主题，增加研学深度。为使每次研学活动有更明确的侧重点和独特性，我建议提前讨论确定每次支教研学活动的主题。这有助于引导学生更深入地思考与研究，同时也有助于确保每次活动的独特性和深度。

我期待更多的教师和学生积极参与到我们活动的策划和实施中。通过共同的努力，我们可以为活动注入更多的创意和智慧，使其内涵更加丰富。教师和学生不仅仅是活动的执行者，更是活动的共同创造者，为整个过程增添多元的视角和丰富的经验，从而共同打造一个富有深度和广度的支教研学活动。

六、结语

德育与智育并不矛盾，相反，二者相辅相成，德育更是真正"人本"的教育。邓铭、谢发超和周群提出，综合实践活动不仅能够"激发学生的内在学习动机和主动研究热情"，还培养了学生"正确认识自我、他人和社会的能力，自我管理和约束的能力，以及人生规划和适应社会的能力"。[①]

袁平在这一领域也发表了重要观点，指出"教师不应急于将自己预设的观点灌输给学生，而是应该让学生充分活跃、充分思考，形成自己的认识。即使学生在某些环节可能会出现谬误，教师也应包容这些谬误，并将其视为宝贵的课程资源"[②]。

回顾前文中学生在第一节支教时的挫败体验，这实际上是学生成长过程中的一部分。我们鼓励学生提前做好充足准备，当学生由于经验不足而产生不完美和挫折时，我们应理解并正向引导。这不仅有助于学生应对当前挑战，也为他们未来面对更多未知挑战时保持积极态度埋下种子。

---

① 邓铭，谢发超，周群. 以系统化思维创新高中综合实践活动［J］. 中国德育，2022（19）：53—55.

② 袁平. 高中综合实践活动课程深度理解与实践探究［J］. 基础教育论坛，2023（14）：110—112.

爱是教育的本质。爱的教育也并不抽象，它非常具体。德育活动的有效实施即对爱的教育的具体践行，绝非一时之兴、一时之事，而是需要久久为功。江西铅山支教研学活动则是对我们所认同的教育理念的具体探索与践行。

华旭双语高中部开展的户外运动对青少年全面发展的影响

王　勇

摘　要： 本文探讨了华旭双语高中部通过开展户外运动促进学生全面发展的策略和成效。文章介绍了爱丁堡公爵国际奖户外探险活动，以及这些活动如何挑战学生的极限、培养团队精神和领导能力；详细分析了户外运动对学生心理、生理、社交和情感发展方面的积极影响。通过案例分析，展示了环岛骑行和徒步探险活动的具体实践和学生收获。最后总结认为，华旭双语高中部开展的户外运动对于培养学生成为具有创新精神、领导能力和国际视野的人才具有重要作用。

关键词： 全面发展　户外探险教育　爱丁堡公爵国际奖　学生成长　团队合作与领导力

一、引言

在当今社会，知识呈"井喷式"高速发展，人们越来越意识到单一的学术成就已不足以应对日益复杂多变的社会需求。教育的目标正在从传统的知识传授转变为培养学生的全面发展，这包括心理、生理、社交和情感等各个方面。华旭双语高中部紧跟时代步伐，深刻理解到在全球化和信息化的今天，学生的全面发展对于他们未来的成功至关重要。

为了实现这一目标，华旭双语高中部采取了多元化的教育策略，特别强调通过户外运动来促进学生的全面成长。这些活动不仅包括传统的体育课程，还涵盖了一系列旨在挑战学生极限、培养团队精神和领导能力的户外探险项目。通过这些活动，学生有机会走出课堂、亲近自然，面对真实世界的挑战，从而在实践中学习到课堂之外宝贵的生活技能和经验。

华旭双语高中部开展的户外运动，如爱丁堡公爵国际奖户外探险，不仅锻炼了学生的身体，更重要的是为学生提供了一个平台，让他们在面对困难和挑战时，学会自我激励、情绪管理、团队合作和创新解决问题。这些活动的设计旨在培养学生的自信心、责任感和适应能力，为他们将来在多变的社会环境中立足打下坚实的基础。通过这些实践，学生能够更好地理解自己，发现自己的潜力，并为实现个人的长远发展目标而努力。

二、爱丁堡公爵国际奖与华旭双语高中部开展的户外运动介绍

爱丁堡公爵国际奖由英国爱丁堡公爵菲利普亲王于 1956 年设立，鼓励 14 至 25 岁的年轻人参与社会服务，发展个人技能，提升体能和意志，并为社会做出贡献。华旭双语高中部的户外探险活动，正是基于这一理念，为学生提供了一个在实践中学习和成长的机会。

华旭双语高中部积极推行全人教育理念，其中重要的一环便是开展户外探险活动。该项目是一项极具挑战性的户外体验，旨在培养学生的领导力、团队合作精神以及解决问题的能力。通过参与环岛骑行、徒步探险等活动，学生不仅锻炼了体能，更重要的是在面对自然挑战和团队协作中，学会了自我挑战和坚持不懈。

在活动中，学生在专业教练和教师的带领下，完成一系列设计精良的户外任务。他们学习如何使用地图和指南针导航，如何在野外搭建帐篷，以及基本的紧急救援技能。这些技能不仅在户外活动中至关重要，也为学生应对未来可能遇到的各种情况提供了准备。

通过这些活动，学生不仅能够提升自己的生存技能和团队协作能力，还能够在克服困难和挑战中增强自信心和自我效能感。户外探险活动不仅是一次身体上的锻炼，更是一次心灵上的成长之旅。它让学生在实践中体验到成就和满足，为他们的

未来人生道路奠定坚实的基础。

三、户外运动对学生心理的影响

（一）自信心和自我效能感的提升

户外运动的独特之处在于它提供了一个实际操作的平台，让学生在克服自然挑战的过程中体验成功。无论是攀登高峰、完成一段艰难的徒步，还是学会新的户外运动技能，这些成就都能够显著提升学生的自信心。自我效能感，即个人对自己完成任务的信念，也随之增强。当学生意识到自己有能力克服困难，他们更有可能在学业和日常生活中采取积极的行动。此外，户外运动中的团队互动和合作成功进一步强化了学生的归属感和自我价值感，这些正面的心理变化有助于塑造乐观、积极的个性。

（二）情绪管理和压力应对能力的增强

户外运动往往伴随着不可预测的挑战，如极端天气、体力透支或设备故障等，这些情况要求学生学会在应对压力和不确定性中保持冷静。通过户外运动，学生逐渐学会识别和管理自己的情绪，如焦虑、恐惧或挫败感，并发展出有效的应对策略。例如，他们可能通过深呼吸、正念冥想或与队友沟通来缓解紧张情绪。这些技能的培养对于学生的长期发展至关重要，因为它们不仅有助于提高学生在面对学业压力时的适应能力，也为他们在未来的职业生涯中处理复杂情境和压力提供了心理工具。

（三）创新思维和解决问题能力的培养

在户外运动中，传统的思维模式和解决方案可能不再适用。学生经常需要即兴发挥，运用创新思维来解决遇到的问题。例如，在野外迷路时，学生可能需要利用地图阅读技能、自然观察和团队讨论来确定方向。在这种情境下，学生被迫跳出常规思维模式，发挥创造力和批判性思维，寻找创新的解决方案。这种能力对于学生未来的学习和工作至关重要，因为它鼓励他们不断探索、适应变化，并在面对新问题时能够灵活应对。通过户外运动培养的创新思维和问题解决能力，将使学生在未来的生活和工作中更具竞争力和适应力。①

四、户外运动对学生生理的影响

（一）体能和耐力的提高

户外运动是一种极有效的体能训练方式，它通过各种身体活动挑战学生的身体极限，从而促进体能和耐力的提高。例如，长途徒步和山地骑行等活动要求学生持续进行有氧运动，这不仅能增强心肺功能，还能提高血液循环效率，进而增强心血管健康。此外，户外运动中的爬山、攀岩等项目能够锻炼学生的肌肉力量和耐力，特别是上肢、核心和下肢肌肉群。这些活动还能提高学生的灵活性和协调性，因为它们需要身体各部位的协同工作。随着体能的增强，学生在日常生活中也会感到精力更加充沛，这不仅有助于提高他们的学习效率，还能帮助学生长期维持良好的身体健康状态。

（二）健康生活方式的培养

户外运动不仅对提升学生的当前体能有显著效果，更重要的是，它有助于培养学生长期坚持健康生活方式的习惯。通过参与户外运动，学生能够直接体验到运动带来的积极变化，如心情的愉悦、睡眠质量的提高以及身体活力的增强。这些积极的体验能够激励学生养成定期锻炼的习惯，并逐渐将其融入日常生活中。此外，户外运动还能教育学生关于健康饮食的重要性，因为在户外活动中，合理的能量补充对于保持体力和恢复体能至关重要。学生学会根据身体的需求选择合适的食物，从而形成均衡饮食的习惯。这些健康的生活方式对于预防肥胖、心血管疾病等慢性疾病有着重要作用，同时也有助于提高学生的生活质量和延长寿命。通过户外运动，学生不仅能够培养健康的生活方式，还能够在享受自然之美的同时，建立起积极的生活态度和习惯。

---

① 张华，李强. 户外运动对青少年身心健康的影响研究［J］. 中国体育科技，59（02），80—87.

五、户外运动对学生社交和情感发展的影响

（一）团队合作和沟通技能的提升

户外运动的独特环境要求学生必须学会在团队中有效合作。在这些活动中，学生不仅需要明确各自的角色和责任，还需要学会倾听、表达和协商，以便团队能够顺利达成共同的目标。例如，在组织一次徒步旅行时，学生需要共同规划路线、分配物资、协调行动等，这要求他们频繁地沟通和协调。通过这些实践，学生的沟通技巧得到锻炼和提升，他们学会了如何清晰地表达自己的想法，同时也学会了理解并尊重他人的观点。此外，团队合作的经历还教会了学生在面对分歧和冲突时如何寻找解决方案，这对于他们未来在多元化的社会和工作环境中适应和成功至关重要。①

（二）社交网络和友谊的建立

户外运动为学生提供了一个非正式但紧密的社交环境，使他们能够在轻松愉快的氛围中与同龄人建立联系。在共同克服户外挑战的过程中，学生往往会产生深厚的情感纽带，这种经历有助于他们建立长期的友谊。例如，在一次团队骑行活动中，学生在休息时分享个人故事，或在面对困难时互相鼓励和支持。这些互动不仅丰富了他们的社交生活，还有助于他们建立一个支持性的社交网络。这种社交网络不仅能为他们提供情感支持，还能在他们未来的学习和职业发展中提供宝贵的资源和机会。

（三）情感智慧和同理心的发展

在户外运动中，学生经常面临需要关心和帮助队友的情况，这为他们提供了发展情感智慧和同理心的机会。在户外活动中，学生需要关注队友的情绪变化，提供必要的支持和鼓励。例如，当一名队员在攀岩时感到害怕或犹豫时，其他队员需要

---

① 王丽，刘洋. 团队合作在青少年户外教育中的作用［J］. 教育理论与实践，42（10），45—50.

通过言语和行动来帮助他克服恐惧。这种经历教会了学生如何理解和感受他人的情绪，培养了他们的同理心。同时，通过在户外活动中承担责任和帮助他人，学生的责任感和道德感也得到了加强。这些情感和道德上的成长对于学生们成为有责任感、有同情心的公民具有重要意义，也为他们在未来建立健康的人际关系打下了坚实的基础。

六、华旭双语高中部开展的户外运动实践案例

（一）环岛骑行活动

华旭双语高中部的环岛骑行活动是一项极富挑战性的户外运动项目，它不仅考验学生的体能和耐力，更锻炼了他们的心理素质和团队协作能力。在这项活动中，学生组成骑行队伍，沿着千岛湖的美丽环湖路线前进，全程约150千米。这不仅是对体力的考验，更是对意志的磨炼。在骑行过程中，学生需要相互支持，共同面对路途中的各种困难，如陡峭的上坡、技术性的下坡以及不可预测的天气变化。这些经历教会了学生在压力下保持冷静，调整自己的节奏以适应团队的需要，以及在面对挑战时不放弃、不气馁。此外，骑行活动还提供了一个绝佳的平台，让学生们在实践中学习导航技能、自行车维修知识以及基本的野外生存技能。通过这次活动，学生不仅提高了身体素质，更重要的是，他们在团队合作中学会相互尊重、理解和支持，这些宝贵的社交技能将伴随他们一生。

（二）徒步探险活动

徒步探险活动是华旭双语高中部的另一项重要的户外运动实践，它让学生有机会深入自然，体验户外探险的乐趣和挑战。在这项活动中，学生背负行囊，穿越山林，沿着崎岖的山路前行，全程可能达到数十千米。徒步活动不仅锻炼了学生的体力和耐力，更重要的是，它培养了他们面对困难的勇气和解决问题的能力。在徒步过程中，学生需要学会看地图、使用指南针、选择合适的露营地点以及准备适当的野餐食物。他们还需要学会在多变的天气条件下保持积极的心态，在面对身体疲劳和心理压力时互相鼓励和支持。这些经历对于学生的情感发展和社交能力的提升具

有重要意义。通过徒步探险，学生不仅学会了与自然和谐共处，还学会了在团队中如何发挥自己的作用，在面对挑战时如何展现出领导力。这些宝贵的经验将帮助他们在未来的学习和生活中更好地应对各种挑战，成为更加自信、独立和有责任感的个体。

七、挑战与对策

（一）安全问题和风险管理

尽管户外运动为学生提供了无数的发展机遇，但它也不可避免地带来了安全风险。为了确保学生在参与活动时安全，华旭双语高中部采取了一系列严格的安全措施。首先，学校在每次户外活动前都会进行详尽的风险评估，识别所有可能的安全隐患，并制定相应的预防措施。此外，学校还为学生提供全面的安全教育，包括急救知识、环境安全意识和个人保护措施等，确保每个学生都能在户外活动中保护自己和他人。

在活动实施过程中，学校聘请了经验丰富的专业教练和指导员，他们不仅具备专业的户外技能，还了解如何管理团队和应对紧急情况。这些专业人员的监督和指导，大大降低了户外活动中的风险。同时，学校还建立了完善的应急预案，确保在遇到突发状况时能够迅速有效地响应。

（二）资源和设施的优化

为了更好地开展户外运动，华旭双语高中部持续投入资源，优化运动场地和设施。学校配备了先进的户外运动装备，如自行车、登山鞋、头盔和其他必要的安全设备，确保学生在活动中能够使用安全可靠的器材。此外，学校还不断改善和扩建运动场地，如修建山地自行车道、徒步路径和露营区，为学生提供多样化的户外运动环境。

同时，学校还注重提升教练团队的专业水平，定期为他们提供培训和进修机会，以便他们能够掌握最新的户外教育理念和技能。通过这些努力，学校旨在为学生创造一个安全、丰富和有益的户外运动环境，让他们能够在挑战中成长，在探索中学习。

八、结论

华旭双语高中部开展的户外运动是全人教育理念的重要体现，它为学生的全面发展提供了宝贵的机会。通过参与这些活动，学生在心理、生理、社交和情感等多个方面都得到了显著的提升。学生不仅学会了如何面对挑战、克服困难，还学会了如何与他人合作、沟通和建立深厚的友谊。这些经历对于他们成为未来社会的有用人才具有重要意义。因此，学校应当继续推广和开展户外运动，不断创新和完善活动内容与形式，以满足更多学生的发展需求，促进他们的全面成长。通过这些努力，华旭双语高中部将继续在培养全面发展的人才方面发挥引领作用，为社会培养出更多具有创新精神、领导能力和国际视野的优秀青年。

在发明创造活动中培养幼儿的合作能力

李 丽

摘　要： 发展心理学理论认为，幼儿的合作行为是一种亲社会行为，它的形成代表了幼儿自我意识的发展和对社会认知的展开，而幼儿5—6岁这个年龄段，正是培养社会认知水平和合作行为水平的关键时期。本文从大班发明展活动的准备和进行过程入手进行分析，发现幼儿在展示活动的准备过程中的合作行为和合作能力的增强是显而易见的。另外幼儿在合作的过程中提高了沟通协调、探究未知、解决问题的能力，增强了关爱、帮助彼此的品质，促进了全面发展。

关键词： 合作　关爱　全面发展

《幼儿园教育指导纲要（试行）》十分重视幼儿在合作能力方面的培养，明确规定了"乐意与人交往，学习互助、合作和分享，有同情心"的教育目标，同时提出了"养成对他人、社会亲近、合作的态度"这一具体的内容要求。因此在日常生活中，我们也会通过不同的活动加强和促进幼儿的合作能力的培养。

幼儿在幼儿园的每一天，不仅在教师的鼓励和教导下得到成长进步，更在各种活动、在和小伙伴的各种合作中得到了更多的锻炼，通过各种讨论和摩擦，然后解决问题，这也更能促进他们互相关爱、自我成长和全面发展。最近的发明展准备工作，让我印象深刻和感叹不已。

一、在小组讨论中碰撞出合作的火花

在学完"发明创造"这个主题后，大班年级组的发明展准备工作开始了。幼儿分小组进行了讨论，从这个主题的探究中我们了解到中外不同的发明，那么我们自己要做什么发明呢？大家纷纷在海报上画出了自己的想法，不同的图案和符号都是自己想法的最好表达。此刻，作为教师在一旁观察小组的讨论是一件非常有意思的事情。在不同小组的讨论过程中，有的小组出现了欢声笑语，大家都同意某个小朋友的想法——设计一个搞笑餐车，于是小组成员接着商量如何设计，里面可以有什么。有的小组除了讨论，还出现了争执，因为大家的想法无法统一，这时有个小朋友及时向我求助："老师，他们都不听我的怎么办？"其他小朋友说："老师，我就想设计这个。"显然，每个孩子都是独一无二的，都有自己的坚持，这也是难能可贵的。

面对大家不同的想法以及他们的求助，我们应该用一个标准来让他们统一，还是想一个更好的办法来尊重他们每个人的想法呢？于是我给出了我的建议："要不你们想一个办法，把这些不同的发明都保留，然后弄到一个大的作品里面去？"这时候第一个求助的小朋友灵机一动，说："老师，我知道了，我们可以做一个'米奇妙妙屋'，这样里面可以有不同的发明创造！"这一想法一出来，其他小朋友脸上露出了开心的笑容，都不约而同地答应了。大家在海报上画了起来，他们有的画出了吸尘器，有的画出了机器人，有的画出了饮水机，有的画出了鱼缸，有的画出了特别的钓鱼竿。最后，我看到他们的想法都初具雏形了，我也给出了我的建议："'米奇妙妙屋'是人家的名字，我们是否可以想一个更好的自己的名字呢？我看你们的各种设计都很智能化，发明就是给生活带来各种便利的。"一个小朋友说："老师，我们叫'米奇智能屋'吧！"这时候另外一组听到了米奇，他们也决定把自己的搞笑餐车取名叫"米奇搞笑餐车"。他们觉得这样和我们的班级名字更符合。有的时候，多一点耐心观察和倾听，幼儿的主观能动性在无形中就被激发了起来，他们的主动权、话语权、选择权也都得到了尊重。他们会给我们带来很多的惊喜。

于是我们的"米奇智能屋"和"米奇搞笑餐车"发明就这样在大家的讨论中碰撞出智慧、合作的火花，然后愉快地诞生了。当幼儿之间的联系十分紧密，且他们的认知和行为习惯趋于一致的时候，这种关系属于同伴关系中程度较高的友谊关系。① 这将促进他们的合作意识，同时也增进友谊。

二、在动手实践中增强合作的本领

有了计划，下一步就是实施行动了。通过动手，幼儿会知道，有了想法需要付诸行动，才能让自己的想法和大家的想法变成现实。接下来的一周我们分组进行了行动，"米奇搞笑餐车"组决定做一个搞笑的多轮子餐车，因为大家看到幼儿园的餐车有四个轮子，他们希望他们的餐车有很多个轮子，比如八个轮子，甚至更多的轮子。有人建议，摩天轮好像有很多轮子，而且还可以转动，我们做一个那样的餐车让别人自助去选择不同的食物，还不挑食。其他小朋友跟着建议了起来，我们还可以加上饮水机、果汁机、面包机，这样大家不仅有吃的还有喝的，可以多样选择。大家你一言我一语，商量着需要哪些材料。在材料分配和使用的过程中，大家也会遇到不同的问题，有的能和小伙伴分享，有的争着用那些材料，有的遇到了问题会请小伙伴帮忙，有的会找老师帮忙。在合作的过程中我们也看到了幼儿互相沟通交流和解决问题的情景，这也是锻炼他们社交能力的时刻。作为教师，我选择了先多观察、慢一步干涉，先看看他们如何独立或合作解决问题，再适时进行鼓励、引导和帮助。教师等待的过程其实是孩子们成长的过程，我们适当地放手，也是让他们尽快地独立和成长。

另外一组"米奇智能屋"组，也做了各种"智能"的发明，他们都想着为智能屋增添自己的小发明。在动手的过程中，他们学会了自己看步骤图，会看到他们不同的分工：有的孩子起到了领导的作用，会带领其他小朋友一起看步骤图，一步一步地完成材料的组成；有的准备好了材料，并且拿着材料等着下一步；有的去找需要的胶棒、白胶等其他材料。孩子们像小蜜蜂一样忙碌，有开心的讨论，也有互不相让的争执。最后，大家也会意识到不如轮流来做，一起做才会做得更快。在此过程中，我们也会给予他们及时的肯定和鼓励，看到他们做到了互相分享，做一个懂得关爱他人的人；看到了他们认真看步骤图，做一个勤于思考的人；看到了他们勇于尝试，做一个积极探究的人。他们也会因此而更开心，更加鼓足干劲。此刻我也

① 陈琴.4～6岁儿童对合作本质的认知特点研究［J］.学前教育研究，2004（05）：36—39.

会感受到，作为教师，我们用心去肯定和赞美孩子们的言行，他们的内心会多么欢喜啊！教师对幼儿之间合作行为的引导，不仅是对幼儿思想的启蒙，也是更好地发挥教育的弥补和修正功能。①

最后通过两个小组的合作，大家的作品都完成了。加上马达和电池后，作品还运作了起来，孩子们更是充满了自豪感，他们感受到集体合作的力量非常大，他们见证了自己动手做发明真的是可以实现的，他们为自己神奇的小发明感到惊喜！

三、在反复练习中提升合作的能力

有了自己的小发明，我们准备宣传和展示这些发明。孩子们通过多次练习录制宣传视频给别人预告我们的发明展内容。录制视频时的合作也是特别重要的，一个人开好头，大家依次说不同的内容，当别人说时，其他人都要看着前方不能有任何动作，一个人说完，另外一个人要很快接上。这些配合都需要很多次耐心的练习，不能因为有的人没有接上而给他不好的评价，相反要鼓励和帮助他人。大家通过反复练习，最终顺利录制了预告视频。我们将预告视频发给了中班的弟弟妹妹们，邀请他们来观看我们的发明展；我们将视频分享给了家长们，希望他们给孩子们鼓励和加油。这些合作也促进了孩子们的成长。我们还通过海报展示自己的发明过程。做海报展板的过程也是一个及时反思的过程，一个回顾自己和小伙伴合作的过程。大家在海报上画着自己的发明所需要的材料，有什么功能和作用，大家有序地寻找空白的地方进行自己的创作，一起分工合作，很快完成了两幅漂亮的海报。每个人都很主动投入这些准备活动，还积极地和家长们分享自己的感受。发明展当天，大家在户外向中班的弟弟妹妹们展示和介绍自己的发明是什么，有什么作用，并且邀请他们来互动体验自己的发明，特别开心和自豪。大家也再次感受到合作的力量是如此之大，一个人是完成不了那些事情的。作为教师，我由衷地为他们感到欣慰和欣喜，他们的合作是可见的，他们的成长更是可见的。

准备活动的过程也是成长的过程，孩子们在发明展结束后能继续进行探究，进

---

① 张红艳. 合作游戏对幼儿合作能力提高的干预研究［D］. 呼和浩特：内蒙古师范大学，2011.

一步自我成长。在发明展之后，孩子们能善于使用不同的材料进行创作，还会思考发明出什么，将有什么功能。这其实都是大家在日常生活中合作带来的启发。幼儿从习惯单独活动到学会合作活动，遵循着一定的发展规律。从狭义角度来说，这个规律是时间推移下学习的结果，而从广义角度来说，这符合人逐渐社会化的总体规律。虽然从表面上看，大班幼儿同伴合作行为的策略与年龄成正比，但实际上真正对幼儿同伴合作行为起到促进作用的是与幼儿成长同步的生活和学习环境。① 因而我们也要思考各种生活、学习活动环境的创设，增加合作的机会。

这次小小的发明创造活动，也让我感受到在教育的道路中，我们要多观察孩子们，多倾听他们的想法和建议，然后适时地给予反馈，特别是详细的反馈，会让孩子们增强自信，也会让他们知道自己哪里做得很好，哪里需要进一步提高和改善，从而能全面发展。在各种探究主题中，还要多创设让孩子们合作的活动，让他们在合作中有不同的沟通和"冲突"机会，提升他们的社交能力和解决问题的能力，这些也是让他们在集体中快速成长的契机，更是促进孩子们全面发展的有效方式。每个孩子就像花瓣一样，小小的合作，大大的力量，让大家结合到一起，互相关爱，才能开出一朵朵绚丽多彩的花来。

---

① 刘金梁.3—6岁儿童气质对合作行为的影响［D］.呼和浩特：内蒙古师范大学，2008.

十二年一贯制教育体系下的学生成长活动对学生发展的意义

——以幼儿园冬日慈善和小学部十岁成长礼为例

金传凤 俞 倩

摘 要： 华旭双语学校实行十二年一贯制教育体系，学校通过各种方式促进学生全面成长，培养具有创新精神、掌握基本知识和技能、有归属感和责任感的现代化人才。因此，学生成长活动在学校教育中扮演着重要角色，对学生的发展具有深远影响。华旭双语学校作为一所注重学生成长的学校，融合了多种理论，结合学生的实际情况，开展了一系列丰富多彩的学生成长活动，取得了显著成效。本文将介绍华旭双语学校的学生成长活动及其对学生发展的意义。

关键词： 学生活动 学生发展 意义

学生成长活动的设计是一项复杂而又系统的任务，需要多学科的综合支持，除此之外，在活动的实施过程中，教师的角色也不可忽视。教师在学生成长活动中所扮演的角色是推动者，使学生成长活动成为学生实现全面发展的一种方式。

在华旭双语学校十二年一贯制教育体系中，学生成长活动是学校教育的重要组成部分，旨在促进学生的全面发展。学生成长活动涵盖了许多领域，包括文化体验、科技创新、艺术表演等。学生成长活动的形式多样，包括主题活动、课程活动、户外拓展、社会实践等。学校根据不同学段由浅入深、分层分段组织开展学生活动，体现了活动的递进性和深入性。

华旭双语成长教育体系以发展心理学、认知心理学和现代学习理论，尤其是体验式学习理论为依据，以课堂学习为基本形式，更加注重学生在参与实践活动中的情感体验与习惯养成，以臻于正确的世界观、价值观的形成，达到"五育"并举、全面成长的目标，最终培养出华旭学子"以中华优秀传统文化为根基，具有国际竞争力、成功的学习者"的特质。华旭双语学校以爱的教育为理念，为学生成长创设了丰富多彩、形式多样的活动，旨在在关爱的氛围中促进学生全面发展。本文将以幼儿园冬日慈善和小学部十岁成长礼为例，探讨学生成长活动对学生发展的意义。

一、幼儿园里的冬日慈善

"爱"是华旭双语学校最重要的文化基因之一，包括对国家之热爱、对教育之钟爱、对学生之挚爱、对父母之敬爱、对生活之喜爱。

幼儿时期的公益行为开始萌芽，是人良好品德和行为形成的关键时期。华旭双语幼儿园自 2018 年至今，每年举办冬日集市，与上海心连心慈善组织合作，联合学校、家长、幼儿、社区，募集款项为贫困家庭的心脏病患儿进行手术。

冬日集市是一场爱的教育，也是一场爱的赛跑，更是一场因爱而生的校园活动。每年的 12 月，教师和幼儿会进行一场爱的旅行。

（一）爱的讨论

从"爱"的讨论开始，幼儿知道什么是爱，爱自己、爱父母、爱老师是爱；爱班级、爱幼儿园、爱城市是爱；爱祖国、爱人民、爱世界是爱。幼儿知道如何表达爱，用语言表达、音乐表达、肢体表达、书信（文字、符号）表达，幼儿在寒冬中实践了爱的表达与传播。他们在教师和家长的引导下了解了"爱"与"公益"的关系，将小爱转化为大爱。

（二）爱的传播

也是在寒冬中，幼儿将"爱"送出幼儿园，洒向社会。他们和教师一起完成艺术作品用于慈善拍卖，所得款项全部用于帮助心脏病患儿，这是一次创意与爱的碰撞。幼儿和教师人人参与，他们知道这不是一次手工游戏，而是为爱动手，为爱创作。为了让作品卖出更高的价钱，能够帮助更多人，他们还会思考作品的包装与介绍。在拍卖会上，幼儿自己主持、自己介绍作品，他们天真而朴实的语言让现场热度升温，整场拍卖会基本能够在幼儿的主导下完成。

（三）爱的拍卖

这场"爱"的拍卖，让幼儿在实践中更加理解"爱"，懂得"爱"，在心中种下"爱"的种子，相信在以后的生活中，这颗爱的种子一定会生根发芽，他们也能爱自己、爱他人、爱社会。除此之外，这场爱的慈善还会带给幼儿哪些成长呢？

二、慈善活动对幼儿发展的意义

（一）语言表达——交流的火花

幼儿和教师商量讨论作品主题，这是一场交流的旅程。幼儿表达爱的方式很直接，思考也很直接，能将他们喜欢的美好的事物分享，就是他们对爱最充分的表达。而在主题的讨论过程中，幼儿毫不吝啬地将他们的爱融入作品中，比如爱心、星星、彩虹、蝴蝶、恐龙等元素。

（二）探究能力——思维的碰撞

幼儿和教师挑选、尝试不同的材料，这是一场探索的旅程。不同的工具有不同的作用，而不同的材料又有不同的表达效果。在多次筛选和尝试之后，幼儿才最终确定他们需要的工具和材料。

（三）艺术创作——爱与美的交融

幼儿和教师将脑海中的作品化虚为实，这是一场艺术的旅程。他们注重色彩的和谐，注重不同材料的搭配，注重点线面的交融，从而让作品有美感、有意义，这是幼儿对爱的表达。

（四）社会交往——综合能力的考验

大年龄段的幼儿担当此次拍卖会的组织者和策划者，这是一场社会公益的旅程。他们和教师商量拍卖顺序，商量撰写主持稿，商量拍卖价格，也商量如何在作品介绍中让买家感受到他们对公益项目的热情和对贫困病童的关爱。这是幼儿竭尽全力为公益的投入和付出。

一场拍卖会，让幼儿在交流讨论中感受到语言表达的重要性，在探索过程中感受科学的有趣和世界的多样性，在艺术创作中感受美的表现表达，更在组织策划中感受社会公益事业的烦琐。幼儿在这一场场的旅程中直接感知，实际操作，亲身体验获得直接经验，这是他们成长中重要又美好的一站。

（五）亲子关系——促进学习型社区

每年的冬日集市，全园家长也都是组织者和参与者，他们为集市提供了几十个爱心摊位，内容包括互动游戏、暖心饮品、可口食物、实用物品等，品类丰富、形式多样。 我们注重家园共育，让家长参与到我们的活动中，不但能够让家长了解幼儿园活动，也能提升幼儿参与活动的积极性。《幼儿园教育指导纲要（试行）》指出："社会学习是一个漫长的积累过程，需要幼儿园、家庭和社会密切合作，协调一致，共同促进幼儿良好社会性品质的形成。"冬日集市便是幼儿园、家长和社会密切合作的活动。其中家长设计组织摊位，参与作品拍卖，所有款项捐给社会。幼儿是每个家庭爱的汇集点，通过这次的活动，幼儿开始慢慢认识到与自己不同的人，何为付出与帮助。父母的责任，不应止于给孩子关爱，还应成为孩子的榜样，给孩子激励，让孩子去尊重、去努力、去爱、去做公益！当家长把内心的积极与爱表达出来，感染的不仅是身边的孩子，更是让整个社区中涌动着热流。不仅如此，家长在募集款项之后带着孩子去医院，探望了正在等待手术的患儿家庭。每个幼儿来自不同的家庭，但是家长为了同一个目标，集所有家长之力为幼儿开启公益的大门。

三、我们的十岁成长礼

十岁，像鲜花一般美好；十岁，洋溢着童年的欢笑；十岁，浸润着成长的喜悦。十岁，是人生路上一个新的起点，一个重要的里程碑。十岁成长礼仪式是孩子们一次深刻的生命体验，也意味着孩子们告别稚嫩天真的童年，开始迈入意气风发、朝气蓬勃的少年时代。儿童发展离不开教育，也离不开教育中的仪式。[①] 为了让学生更好地体会十岁的意义，感受从童年到少年跨越的仪式感，树立正确的世界观、人生观和价值观，每年华旭双语小学部都会为学生举办一场由学生、教师、家长共同打造的十岁成长礼活动。十岁成长仪式已经成为华旭双语小学一年一度的庆典活动，旨在让学生体验成长的快乐，学会感恩，理解父母的养育之恩、师长的教诲之恩、亲友的帮助之恩。祝愿孩子们经过十岁盛典的洗礼，懂得分享，学会感恩，不惧困难，带着梦想踏踏实实前行，拥有一个美好的未来！十岁成长礼不仅是一个庆祝活动，更是学生成长的重要途径和平台，学生在活动中学到了课本中学不到的知识，促进了他们的全面发展。

四、十岁成长礼对小学生发展的意义

（一）知爱、感恩——学会做人

前期班主任会和学生一起讨论：十岁对我们的成长意味着什么？在我们十岁的成长过程中谁给予了帮助和支持？我们如何来庆祝这个有意义的时刻？我们接下来应该怎么做？通过一系列的问题引导学生思考生命的变化和成长，让学生体验到被关注、被重视的感觉，让他们明白自己是家庭、社区乃至整个社会重要的一员，自己的成长离不开他人的付出和帮助，要学会珍惜家人、老师和同学的关爱。同时校长、教师、家长也会从不同的角度为学生准备好书信，通过表演、交流等方式进一步表达对学生十岁成长礼的祝福和希望，通过殷殷祝福激发学生学会知爱、感恩，学会做人，当他们体会到感恩的重要性，便会将感恩之心转化为实际行动，尊敬师长，关爱同伴，关爱社会，同时增强了他们的责任感和担当精神。

（二）思考、探索——学会学习

十岁成长礼是学生开始思考自己人生意义的契机，鼓励他们主动思考、探索自

　　① 孙晔隽．十岁成长礼：从文化仪式到成长设计［J］．江苏教育，2022（71）：49—52．

己的兴趣与志向、学会制定目标、规划未来，并学会积极主动地学习知识和技能，这将对他们今后的学习成绩和个人发展都有积极的影响。比如如何表达自己对十岁成长的理解和喜悦？在前期讨论的基础上，学生积极思考、积极探索，最终以《虫之舞》《茧中梦》《梦之蝶》《蝶之舞》等舞台剧，展现了一只只可爱的小毛虫在历经困难后最终破茧成蝶的故事。《虫之舞》展现了小毛虫不断积累成长的过程；《茧中梦》讲述了小毛虫战胜恐惧的故事，通过这一节目，学生明白了"越是在黑暗中，越要心怀梦想"的道理；《梦之蝶》中，家长与孩子共同登台演出，孩子感恩父母、师长的爱护与教诲，最后蝴蝶战胜困难破茧而出的情景令人激动难忘；《蝶之舞》中，学生穿上靓丽的服装，带来一场寓意为"蝴蝶华丽蜕变"的时装秀。在最后合唱《蝴蝶飞呀》中，学生展开歌喉，让梦想长出翅膀，随风飞翔。每个节目的背后除了有学生的思考、探索，更体现了学生学习能力的提升，从故事选择到故事理解，从表达表现到迁移内化，从服装挑选到音乐选择，无一不体现了学生自主学习能力的提升。

（三）应对、积累——学会做事

有了素材后怎样进一步推进落实十岁成长礼呢？怎样让成长礼顺利地开展？仪式中要有哪些环节和流程呢？仪式结束后如何知道他人的反馈呢？这些筹备和实施需要学生一起参与并承担一定的责任，所以学生要学会做事，学会做事的方法，整个过程中他们会面临各种问题和挑战，比如活动的流程怎样合理设计、怎样进行人员分配等，这就要求学生学会合理制订计划，思考详细的流程和方案，怎样落实安排等，在实际问题中学会做事，学会解决问题和应对挫折，积累解决问题的办法，这将帮助他们建立起自信、毅力、独立思考和解决问题的能力。

（四）交流、合作——学会共存

十岁成长礼不仅让学生有机会与亲人、朋友一起参与活动、享受快乐，通过交流和合作，他们学会了尊重他人、倾听他人的意见，并逐渐形成良好的人际关系，学会与他人和谐相处。从策划到排练，从宣传到表演，都需要每个人的努力。学习分工合作，尤其是在节目准备过程中，学生要根据剧情要求，根据每个人的不同个性、能力等合理分配角色；在表演排练过程中难免有矛盾和摩擦，这时候就需要学习如何从全局的角度去看问题，不计较个人得失，学会听取别人建议，用合适的方式和同学沟通、交流等。整个筹备过程不仅提升个人的交流、合作能力，更增强了团队合作精神，学会与他人共存的能力。

五、十二年一贯制教育体系下学生活动对学生发展的意义和优势

学校大型学生活动因其参与主体的多元性、实施时空的灵活性、教育主题的多样性等特征而蕴藏丰富的育人价值。[1] 华旭双语学校像这样的活动还有很多，如初中部的诗词大会、高中部的江西铅山支教，无不展现了学生活动对学生成长的重要性和价值，也体现了十二年一贯制教育体系下学生成长活动的连贯性和递进性。总的来说，学生成长活动对学生的全面发展具有重要意义。它为学生提供了一个展示自己的平台，培养了自我认知和自我表达的能力，增强了自信心，还培养和锻炼了他们的领导能力、团队合作精神、人际交往能力和解决问题的能力。最重要的是，通过参与活动，学生能够更加清楚地认识自己的兴趣和优势，形成正确的价值观和道德观念，促使他们学会做人、学会学习、学会做事、学会共存，这些能力和价值观的培养将对他们今后的学习生活和个人发展产生积极的影响，为他们的成长奠定坚实基础。因此，学生成长活动应该得到充分的重视和支持。

---

　① 学校大型学生活动的价值及其实现 [J]. 福建教育，2023（13）：4.

以爱育心　点亮幸福
——华旭双语学校心理健康教育概述

杨　静

摘　要： 华旭双语坚持"学生的福祉是第一要务"，把积极心理学与社会情感能力培养理念融入学校教育教学日常，通过课程育心、活动育心、关系育心三方面，逐步完善 K-12 心理健康教育体系，通过各级各类"育心"方法营造"爱的教育场"。今后，我们将继续传承创新深受学生喜爱的"树洞"特色活动，升级育心举措，倾听心声、抱持不同，让学生在学校"爱的教育场"里脸上有笑、眼中有光、心里有爱。

关键词： 爱的教育场　积极心理学　社会情感能力

一、育心理念与目标

教育是"用心灵影响心灵，用生命影响生命"的事业。华旭双语自 2015 年建校以来，在《中小学心理健康教育指导纲要（2012 年修订）》《关于加强中小学心理健康教育的若干意见》的指导下，根据孩子的身心发展规律和学校学生的特点，探索了学校学生成长教育体系下的心理健康教育之路。

通过不断的实践探索，确定了"以爱育心　点亮幸福"的心理健康教育指导思想，以积极心理学为基本导向①，关注学生的心理发展关键期和社会情感能力培养，努力营造"爱的教育场"。

我们相信，每个学生心里都有一盏灯，我们愿用心理健康教育点亮学生的幸福心灯，倾听学生的心声，抱持学生的不同，让学生在学校"爱的教育场"里脸上有笑、眼中有光、心里有爱。

为此，我们把积极心理学与社会情感能力培养理念融入学校教育教学日常，通过课程育心、活动育心、关系育心三方面，逐步完善 K-12 心理健康教育体系。在学校"学会做人、学会学习、学会做事、学会共存"的培养目标基础上，重点培养学生胸襟开阔、积极探究、坚韧不拔、懂得关爱的积极心理品质，开发心理潜能，为学生的身心健康与幸福生活奠基。

K-12 心理健康教育体系

学段	着重培养的品质	育心重点
幼儿园	积极探究	向教师与家长普及不同年龄阶段幼儿的身心特点、可能出现的困扰及应对方式，引导教师与家长及时关注幼儿的生理需要与心理需要，适当满足，帮助幼儿发展出对周围世界的信任感，获得主动感，克服内疚感，积极探索。
小学	积极探究 坚韧不拔 懂得关爱	引导学生关注心理健康，积极适应变化，养成良好行为习惯和学习习惯，保持好奇心，积极探究，勇敢表达，乐于求助。引导教师与家长关注学生的情感感受与心理需要（安全感、认同感、归属感等），帮助学生获得成就感，克服困难与挑战，培养成长型思维。 引导教师创设情境或活动，激发学生主动与人交往的兴趣，学习与人交往的原则与方法，感受友谊的快乐，学会尊重他人、关爱他人。
中学	胸襟开阔 积极探究 坚韧不拔 懂得关爱	引导学生科学看待自己与他人、自己与环境、自己与自我的关系，直面真实的生活、自我，发展自我同一性，建立新的自我同一感，脚踏实地制订目标。 创设情境，让学生有更多机会去体验、感受、试错、碰壁、表达、绽放。在遇到问题时，保持开放心态，勇于尝试，乐于反思，坚韧不拔；在和他人相处时，具有同理心，懂得关爱。

① 保丽云. 积极心理学视角下中小学心理健康教育策略探究［J］. 中国教师，2023（11）：113—115.

二、育心途径与方法

（一）健全组织机构，规范制度建设

学校成立了学生发展与指导中心，构建了全校性的学生成长教育体系。由总校长龚德辉领衔，由总校长助理（学生成长）兼综合办公室主任徐嘉乐负责学生发展与指导中心的日常管理与协调，就德育工作、团委少先队工作、心理健康教育工作等，不定期召开工作例会，研讨学习。

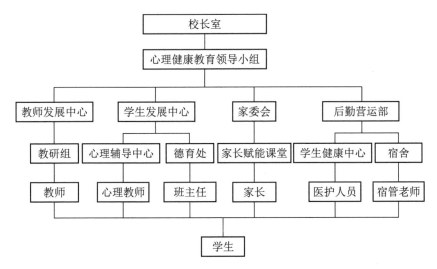

学校心理健康教育组织架构图

学校秉持"全员都是心理教育者"的理念，注重教师的专业发展与心理健康素养的培养，鼓励教师开展心理健康教育活动，建立相应的激励机制和保障制度。学校定期组织教师学习心理学知识和先进的教学理念，引导教师学会自我情绪的调整和帮助学生调适心理的技巧。班主任等骨干教师每年参加市区级心理健康教育专题培训，学科教师每年参加区校级心理健康教育专项培训。

学校建设了"玫瑰心语屋"心理辅导室，成立了心理危机干预领导小组，健全了心理危机预警与干预三级网络。

一级预防：全体学生的心理健康促进。遵循儿童、青少年发展的普遍规律，开展体现学段特点的普适性辅导课程与活动。班主任（可联合家长）关注学生的日常

心理波动情况，适时疏导，预防心理问题的产生。

二级预防：高危学生的预防性干预。由班主任填写预警单，由学校心理教师对转介到心理室的学生进行个别辅导，必要时进一步转介到区未成年人心理辅导中心预防心理障碍的产生。学校心理教师（或区未成年人心理辅导中心）也可根据情况，发起有明确预防主题的团体辅导小组，直接招募有需要的学生参与，开展相关预防工作。

三级预防：已发生危机的和有心理障碍的学生的转介服务，包括伤害性事件的应急处置和善后工作。学校心理教师或区未成年人心理辅导中心评估出有医教协同干预需求的学生，转介到专业医疗机构。在其就医及康复期间，学校提供支持随访服务，预防伤害性事件的发生。当伤害性事件突发时，做好科学的应急处置和善后工作，预防该起事件引发其他相关人员的心理危机[①]。

（二）课程育心，发展积极心理品质

课程是"育心"的主阵地。充分利用各学段的心理健康活动课、心理选修课、团体心理辅导课、晨会课、主题班会课、幼儿园主题活动日等育心时机，普及心理健康知识，引导学生悦纳自我，挖掘心理潜能，发展积极心理品质。具体如下：

在三年级、六年级、高中部九年级与高一年级，每周开设一节心理健康活动课，帮助学生了解自我、找到优势，引导学生培养胸襟开阔、积极探究、坚韧不拔、懂得关爱等积极心理品质，学会与他人、与自我、与社会和谐相处。在初中部每周开设一节"身边的心理学"阳光选修课，引导学生留心身边事，了解心理学规律，创造更多美好。

为中考班九年级及其他有需要的年级或班级，在军训、衔接课、期中考前后、期末考前后等容易发生情绪波动的时间节点，开展团体心理辅导活动，帮助学生调整心态，积极适应，纾解压力。

协助班主任（或幼儿园主班教师）、任课教师明确不同年龄段学生的心理发展需求，渗透到日常的教育教学中，利用幼儿园主题活动日、各学部晨会与主题班会

---

① 浙江省中小学心理健康教育指导中心.中小学心理危机筛查与干预工作手册（修订版）[M].宁波：宁波出版社，2019.

课等时间，营造"爱的教育场"，培养积极心理品质。

（三）活动育心，提升社会情感能力

活动是"育心"的催化剂。根据市、区相关文件精神和学校的实际情况，每学年集中一段时间开展丰富多彩的心理健康教育互动体验活动，通过有趣、有爱的活动，营造"爱的教育场"，浇灌"育心"花朵绽放。

精心策划高中部世界心理健康周活动，小学至高中的点亮心灯心理健康活动月（季），传承特色项目"树洞"活动等广受欢迎的项目，为学生营造安全、包容、关爱的"倾诉空间"，抱持学生的不同，点亮学生的心灯。

心理健康教育活动一览表

时　　间	活动名称	主　　题
2020 年 10 月 10 日	第一届世界心理健康周	压力管理：关于压力的认知与行动。我们很在意，我们同分担
2021 年 3 月至 5 月	首届学校点亮心灯心理健康活动月	润心慧心　牵手快乐　感知幸福
2021 年 10 月 10 日	第二届世界心理健康周	情绪管理：感知情绪、绿色心情
2022 年 4 月 1 日至 5 月 25 日	第二届学校点亮心灯心理健康活动月（线上）	云端联结彼此，抗疫不减关怀
2022 年 10 月 10 日	第三届世界心理健康周	消灭精神内耗
2023 年 2 月至 5 月	第三届学校点亮心灯心理健康活动季	你的心"晴"　我们一起守护
2023 年 10 月 9 日至 10 日	第四届世界心理健康周	培养积极性
2024 年 5 月至 6 月	第四届学校点亮心灯心理健康活动季	五育润心·我的嘭嘭嘭奇旅

（四）关系育心，点亮爱与幸福

研究表明，良好的人际关系是提升幸福感的关键[1]。通过学部、家委会、教师

---

[1] 庄明科，张婉婷.积极心理学视角下提升幸福感的路径研究 [J].北京教育（德育），2021（06）：64—68.

发展中心、学生发展中心等多个平台，促进家校沟通、师生沟通、生生沟通，帮助学生更好地理顺亲子关系、师生关系、同伴关系，让学生沉浸在"爱的教育场"中，积极发展自我，追求自强与幸福。具体如下：

通过"心'晴'守护卡""心理辅导中心简介海报"定期宣传"玫瑰心语屋"心理辅导中心各功能室，定期开放心理辅导室，倾听学生的心声或烦恼，疏导情绪，表达理解，梳理思路，寻找资源，让他们重拾力量，走出心理困扰。必要时联系家长、班主任共同帮助学生渡过难关。

设计心理游戏活动，有针对性地组织团体心理辅导活动，或为班主任提供主题班会心理活动材料，以促进学生间的团结协作与情感联结。

开放家庭教育指导咨询电话；与家委会合作打造家长赋能课堂；邀请教育心理专家分享家庭教育理念与方法；邀请经验丰富的家长做讲师，分享自己曾走过的育儿误区、有效的育儿方法，强化家校合力，促进良好的亲子关系。

关注教师的心理健康，加强教师发展中心、工会等部门合作，促进教师兴趣社团的开展，组织体验性较强的教师心理健康教育体验活动，协助教师提高心理弹性与生活幸福感。

开展教师研讨、一对一交流，了解教师的诉求、烦恼、压力、困扰、疑惑等，协助教师更新育心理念，丰富育心方法，为班主任与导师的教育工作提供情感支持与个性化咨询，协助增进师生关系。

邀请主班教师、班主任、任课教师留心观察学生不同寻常的表现，发现需要重点关注的学生，及时填写《重点关注学生预警单》。经心理教师与特教团队讨论后，对预警学生进行观察、访谈、评估，确定特殊教育需求或心理危机学生，有针对性地提供个别心理疏导、家长面谈、影子教师申请评估、任课教师共商会、医院转介等支持。

三、特色项目：做你的"树洞"，给你温暖回应

华旭双语是难得的十二年一贯制教育体系，各学部间互帮互助，常会联动起来开展育心活动，比如各学部衔接课活动、全校性的点亮心灯心理健康月（季）活动。

学校点亮心灯心理健康月（季）活动以了解需求、解决困惑为指导思想，针对学生的现实心理困惑，把舞台交给学生，开展学生喜闻乐见的体验活动，得到了广大师生的喜爱和肯定。

想真正地帮助孩子，就要从真正倾听他们开始。[①] 最受欢迎且传承下来的特色项目是"树洞"活动，我们希望通过此活动激发每个学生表达或求助的勇气，通过多种形式的游戏创造自由表达的场域，架起情感流动的桥梁，营造"爱的教育场"。

"树洞"活动 1.0 版本是"大手牵小手 幸福墙"和"小小健康咨询师"海报集市。在"大手牵小手 幸福墙"游戏中，学生在便笺纸上写下"老师温暖我的一句话或一件事"，张贴在展板 A 上；教师写"孩子，我想对你说"，张贴在展板 B 上，师生互相真情"表白"，记录彼此点亮的瞬间，涌动着的爱与温暖久久不散。"小小健康咨询师"海报集市由学生自由组队，选择自己关心的心理困惑作为主题，创作宣传海报，在一楼大厅摆摊宣讲自己搜集整理的心理健康知识，反响热烈、好评度极高。

"树洞"活动 2.0 版本是特殊时期的电子"幸福墙"主题留言板和主题树洞。结合当下情境，以学生感兴趣的话题为每周主题，鼓励师生以文字、图片、音频、视频等方式，在"幸福墙"电子留言板上留言，分享生活点滴或真情实感，或匿名倾诉烦恼或困惑，也可对他人的留言点赞评论，从而为彼此提供情感支持。

其中，"居家期间一件开心小事""我的特色菜""毛茸茸的小伙伴"等话题贴近生活，聚焦于生活中的积极体验，让不少学生产生共鸣，积极留言、互动。不少学生悄悄在"居家期间我最大的烦恼""最难的一个时刻""我想对自己说的话"主题树洞中，倾吐心事、释放压力。

"树洞"活动 3.0 版本包括"匿名树洞心里话投递"、"暖暖留言板"、"有话大声说"、"一对一"玩偶（教师扮演）树洞。"匿名树洞心里话投递"是在学校大门入口处布置了一处仿真大树树洞，全天候开放，学生自助领取小纸条，写出自己最近的烦恼或困扰，反面注明是否愿意公开，投入树洞中，尽情倾诉。之后，心理教师把愿意公开的纸条，张贴到"暖暖留言板"上，路过的同学或教师看到后，可领一

① 高虹，吴寒斌. 主动倾听——破解德育低效的一把钥匙 [J]. 教学与管理，2012（07）：37—39.

张小纸条，写几句共情、鼓励的话，张贴上去。此外，还布置了"有话大声说"小舞台，感兴趣的学生拿起话筒，喊出自己的愿望或烦恼，引来不少人围观。

最有趣的是"一对一"玩偶（教师扮演）树洞，校长奶奶和各学部的教师鼎力支持活动的开展，穿上玩偶服，变身为学生亲近且熟悉的动画角色，等待愿意来诉说的学生，专注倾听他们的想法。此次"树洞"3.0版本活动报道还登上了嘉定教育微信公众号和《文汇报》，带来了一定的积极影响。

在"树洞"活动中，有的学生享受着终于能说心里话的释然，有的学生等待着某个懂得的人回复些什么，还有的学生觉得自己的声音被大家听到而无比自豪。不同个性的学生，尝试着找到那个适合自己的出口，在倾诉心声、调节自身情绪的同时，也用积极的行动影响着周围的人。

综上所述，通过"树洞"系列活动，旨在向学生传达"做你的树洞，给你温暖回应"这一理念。未来，我们会一如既往努力，以爱育心，点亮师生的幸福心灯。

在幼儿园一日活动中对幼儿负面情绪的引导

张燕飞

摘　要： 幼儿园教师是幼儿的第一任老师。在儿童时期，我们真的可以通过努力，培养出幼儿的自律精神和自控能力。我们需要探索教师如何用言传身教的方法帮助幼儿适当地表达自己的感受，也需要寻找在幼儿园一日活动中适合帮助幼儿学会情绪控制的小游戏、小活动或者小技巧，以帮助幼儿在幼儿园中产生负面情绪时能积极与成人沟通，产生良性循环。

关键词： 负面情绪　幼儿园一日活动

一、引言

3—6岁是幼儿情绪迅速发展的关键期。在这一时期，如何培养幼儿的情绪自控能力和调节能力，决定着幼儿未来品格的修养与构建，并关系到幼儿的健康快乐成长。[①]幼儿的情绪自我调节能力较弱，在受到各种因素影响时容易出现暴躁、愤怒、自卑、叛逆等明显特征。家长和幼儿教师应格外关注幼儿的这些情绪变化，根据幼儿的身心发育特点，采取有效措施，帮助幼儿养成自我调节情绪的能力，形成稳定的人格内核。

---

① 魏升升.幼儿情绪调节能力的培养［J］.新班主任，2023（36）：60—61.

二、幼儿负面情绪引导的重要性

当你班里的某个幼儿充满感激地对你说："老师，我终于把这个难题给解决了，我太高兴啦！"或者有的幼儿在和小伙伴相处遇到矛盾时主动求助："我愿意分享我的玩具，可他还是不愿意和我玩，我真是太沮丧了！"听到这样的话，你有什么感觉呢？在一旁的你一定会觉得这样的孩子特别可爱。

相反，在我们的日常教学活动中常常遇到霸道、随意攻击他人的幼儿，又或是胆怯内向、面对困难束手无策的幼儿。你可能会说这是幼儿的性格、行为习惯等因素导致的，但是我却发现另一个问题——情绪健康。

在《3~6岁儿童学习与发展指南》(以下简称《指南》)的第一章《健康》中，有一条目标让我逐字品读，反复斟酌，在"目标2情绪安定愉快"一栏列出关于5—6岁幼儿要求："1.经常保持愉快的情绪。知道引起自己某种情绪的原因，并努力缓解。2.表达情绪的方式比较适度，不乱发脾气。3.能随着活动的需要转换情绪和注意力。"

当我们都在过分关注课堂教学、幼儿智力发展时，《指南》中这样的设置很明显是为了让大家意识到关注幼儿的情绪健康刻不容缓。当我们听到"××年级学生因为考试压力繁重而坠楼自杀""××孩子因为与老师关系不睦挥刀指向老师"等消息，在扼腕叹息时，我们是否思考过引起这一系列伤害行为的原因是什么？是情绪管理。情绪管理，指对自身情绪和他人情绪的认识，培养驾驭情绪的能力，并由此产生良好的管理效果。

3—6岁是幼儿个体性格形成和情绪发展的关键期。稳定情绪的养成对幼儿身心健康发展、社会性发展、良好品格的培养和乐观个性的养成至关重要。结合幼儿的情绪发展特点，教师应采取以下措施培养幼儿稳定情绪：营造理解、尊重、安全的幼儿园班级环境；提供情绪表达的环境；统一家园教育理念；培养幼儿对周围事物的乐观心态；提升教师自身情绪素养与情绪管理能力。[①]

幼儿时期的心理状况直接影响幼儿一生的健康成长。我细心回想自己所接触到

---

① 杜妍蓉，2023.浅谈幼儿园情商教育之幼儿情绪管理［C］// 广东教育学会2023年度学术讨论会论文集（三）.广州：广东教育学会：501—504.

的孩子，不难发现幼儿时期的"情绪管理"这个课题任重而道远。在我们固有的思维里，会因为自己的嫉妒、愤怒、沮丧等负面情绪而难以启齿，而拥有这些情绪的成人，也常常不敢大胆地表达，甚至用一些欲盖弥彰的行为试图掩盖。殊不知，一个人拥有这些负面情绪是再正常不过的，作为成人的我们如此，那些心理发育未完全的孩子亦如此。何谓情绪管理？我粗浅的理解就是：发泄负面情绪，分享正面情绪。

三、幼儿园中幼儿负面情绪现状

我们常常关注幼儿是否开心，却一直忽略了将负面情绪分化成具体的几条，以帮助幼儿更细致地认识自己。国外的研究表明，当幼儿吵闹的时候，我们可以采用更多更好的办法让他停止哭闹。在幼儿园中，我们需要探索出更多正确引导幼儿处理负面情绪的方法。

现阶段幼儿常有的负面情绪问题有以下两个特征：其一，长辈抚养盛行，缺少父母陪伴。这类幼儿通常容易出现负面情绪问题，如任性、哭闹等，因为长辈抚养只能满足幼儿最基本的生活需求，而更高需求的陪伴与认同却少有。其二，男孩与女孩对比弱势明显，男孩的抗挫折能力以及不良行为发生率明显更高。男孩面对负面情绪时的表现更具有暴躁化、冲突明显等特征。

我们采用问卷调查的方式研究幼儿园一日活动中幼儿负面情绪调节的情况。在确立调查问卷的对象时，我们首先面对的是三个年龄阶段幼儿的家长与教师，为了防止成人对幼儿的选项带有主观意愿，我们选择用情景式的提问来进行调查，通过对幼儿园和家庭中经常会出现的几种情景假设来设置选项，且选项需要适合各个年龄阶段，因此我们需要翻查大量的幼儿心理学资料，以对幼儿可能产生的情绪调节行为情况进行调查。

我们大致把选题的指向性分为这些情绪调节方式——"重建""发泄""被动应付""问题解决""自我安慰""替代活动"。通过数据的分析了解到本幼儿园小班、中班、大班幼儿的负面情绪调节具有以下特征：

（一）随着年龄增长，调节情绪的方式更丰富

情景假设题："在搭建积木时，如果同伴把孩子的积木故意推倒了，你（班）的孩子会怎么做？"在小班与中班，选项"用手去推或者用脚去踢那个孩子"的选择率高达 89.9%，"转而去玩其他玩具，或是进行其他活动"的选项仅占 8.7%。在这道题中，第一个选项表示幼儿通过攻击性的行为向对方表示自己的愤怒，而后一选项则表示幼儿在通过"替代活动"重新寻找新的刺激来引发新的注意，这是一种自我调节情绪的方式。由此可见，小班、中班的幼儿能够适时调整自身情绪的能力非常薄弱。但是在大班，此题的选项则丰富起来。

随着年龄的增长，幼儿的情绪调节能力越来越强，调节策略越来越丰富，运用手段也越来越灵活。幼儿从依赖性的情绪调节到独立的自我情绪调节的发展，是幼儿心理健康成长过程的必经之路。

（二）幼儿自身调节情绪的方式以游戏为主

问题解决题："孩子努力地想做好一件事，比如想完成一个难度很高的个别化材料，如果试了几次还没有成功，他会如何做？"选择"气得干脆把材料全部推到一边"的占 25.6%，选择"把材料放置一边，开始玩起其他玩具或者做其他游戏去了"的占 54%，选择"对着材料发愣很久，无心再干其他事"的占 20.4%。通过类似的选题分析，我们发现幼儿当产生挫败感的时候，大多数会选择逃避或是放弃，采用游戏的方式获得快乐的体验。这个选项无论是小班、中班的幼儿，或是大班的幼儿，出现的情况并无特别的差异。可见幼儿在面对消极情绪的时候，有一种自发式的调节方式——游戏。

在问卷调查的过程中，教师和家长也发现，无论是批评幼儿或是幼儿自身面对消极情绪的时候，大多数幼儿的情绪停留时间比较短，能通过一些外界的小事情、小游戏令自己快乐起来，俗语说的"小儿无心性"就是如此。可见大多数幼儿都有令自己快乐起来的能力，但却无法真正面对自己的负面情绪。

（三）情绪调节的方式依赖成人

在指向性选题"情绪调节方式"中，"在和同伴一起玩耍的时候，别的小朋友

不小心撞疼了你（班）的孩子，孩子会怎么做？"一题的选项如下：（1）认为没关系，他是不小心才碰到我的，不是故意的。（2）立即也去推他一下。（3）立刻退到别的地方，避开那个孩子。（4）对那个孩子说："你为什么要碰我啊，你把我给撞疼了！"（5）虽然有些不高兴，但能很快就接着去玩自己的。

在这道题中，被调查者要求增加"向成人求助"这一选项，特别是中班的教师，这个时候"打小报告"的情况尤为凸显，教师常常要成为班级里的裁判，许多小事都会成为幼儿报告教师的缘由——"老师，×××插队了""老师，他不愿意和我手拉手"。通过与教师交流发现，我们常常观察研究幼儿行为，却往往忽略了幼儿这一行为背后的心理诉求，当遇到消极事件时他们会做什么，或是在消极情境中期望别人做些什么。在幼儿园里幼儿更多地把社会支持和寻求成人帮助作为情绪调节的解决办法。关于这道题中的情景，有 11.6% 的大班幼儿开始尝试解决问题，虽然更多时候只是尝试，但也可以看出，相对年长些的幼儿开始面对自身的负面情绪，尝试更多地提出直接的问题解决和认知策略。

四、一日活动中引导幼儿负面情绪的难点

首先，我们要帮助更多教师做好自身的情绪控制。《指南》中有一条教育建议："帮助幼儿学会恰当表达和调控情绪。"并在补充解释中，提示："成人用恰当的方式表达情绪，为幼儿做出榜样。"在我们的日常教学活动中，太多烦琐的事情需要迅速做出决定，难免会让教师感到困惑和冲动，也许会出现许多条件反射式的教育方法，比如大声说话、批评、唠叨或者惩罚。而幼儿就像一面镜子，只有作为教师的我们保持向上的正面情绪，才能为幼儿传递正能量。不要给幼儿模仿你发泄情绪的机会。

我们希望帮助幼儿认识自身的负面情绪，正确有效地表达自己的负面情绪，帮助幼儿在幼儿园这个社会性环境中与同伴和睦相处，更希望能帮幼儿提升自身的抗压能力。我们也希望帮助教师更好地从幼儿的角度去理解幼儿，不以大人的方式帮助幼儿归因，而仅仅只是认同和接纳幼儿的负面情绪。

为此，课题组内教师通过理论学习、阅读书籍来更新教育理解。通过对理论的学习与研究，课题组内教师了解到幼儿的负面情绪并不是不可存在的，对幼儿来说，特别是幼儿园年龄阶段的幼儿，他们在感受负面情绪的时候是模糊的，很多时

候是没有办法控制和表达的。教师要做的就是用语言比较清晰地帮助他们描述出来，让幼儿感受到情绪是可以定义的，有边界的，是可以控制的，是我们生活的一部分①。

我们还通过欣赏动画电影《头脑特工队》，以更形象直观的方式感受幼儿内心的几种情绪——"乐乐""怕怕""厌厌""忧忧""怒怒"，不同幼儿的大脑在不同阶段都会被某些情绪主导，因为他们的记忆核里存放着这五种情绪。在不同情绪的共同作用下，幼儿成长出不同的性格。而幼儿的回忆又是带有情绪标记的，这使得幼儿的性格塑造与情绪有着密不可分的联系。

我们总是渴望欢乐，抵抗悲伤，赞扬乐观，嘲弄消极……我们希望幼儿做一个活泼外向、积极阳光、拥有正能量的人。而作为成人的我们也通过影片明白了悲伤是快乐的伙伴，没了悲伤，我们的快乐也会失重许多。而这也让我们意识到，在幼儿的生活中一味强调快乐的情绪，而忽略负面情绪，只会让幼儿成为一个"麻木"的人，会认为一切都是那么理所应当，反而会造成幼儿抗压能力弱。

事实上，更多的时候是生命中的那些"负面情绪"给了我们力量。悲伤让我们深刻地学习和体验，去增加生命的分量；恐惧使我们未雨绸缪，小心驶得万年船；愤怒为我们划出底线，警告外敌不可侵犯；厌恶决定品格，阻挡我们跟风从众、失去自我。快乐的确让我们过得更好，但很多时候，盲目的乐观却无济于事。

此外，在设计问卷、调查问卷的整个过程中，我发现家长、教师偏好把幼儿的性格与情绪联系起来。在不同情绪的作用下，幼儿的性格各不相同。例如，文静内向的幼儿在面对消极情绪的时候，他们更多是选择被动地应付，"无声"或者"什么都不做"。我们把选择被动应付选项比较多的幼儿称为"温柔"宝宝，而把选择攻击性发泄行为选项较多的幼儿称为"牛脾气"宝宝，把处于两者之间的幼儿称为"情绪化"宝宝。大致的分类，可以帮助教师根据幼儿的气质型在下一个研究阶段有针对性地寻找相应的情绪表达方法。我们希望通过本课题的引导能够在幼儿中寻找到更多的"理智型"宝宝。

---

① 魏诗涵，陈理宣. 教师培养幼儿情绪稳定性的意义与策略［J］. 教育观察，2023，12（33）：61—63，67.

五、在幼儿园一日活动中探索帮助幼儿疏导负面情绪的策略

首先，在负面情绪出现之前，我们要做一些未雨绸缪的准备，帮助幼儿在面对突如其来的负面情绪时能清楚地认识到自己的情绪。比如当幼儿心平气和的时候，让他们练习各种心情的面部表情。"给我看看开心的小脸、悲伤的小脸、生气的小脸。"让幼儿把不同心情的面部表情剪下来，贴在卡纸上，或做成一本"心情小书"。教师和幼儿可以通过表演面部表情进行互动，假设露出这样表情的情形。

同样地，练习"心情小书"可以尽可能地帮助幼儿理解表达情绪的词汇，例如愤怒、狂怒、怒气冲天等，让幼儿感受不同程度的情绪。那么在产生不可控制的情绪时，幼儿首先会选择用语言表达而非肢体发泄。

那么，当幼儿出现负面情绪时，我们又能怎么做呢？这里举一个我们常会碰到的例子：当班中的两个幼儿打架了，教师通常的做法是及时制止，了解事情发生的起因，判断对错，归咎责任，互相道歉。但是我们常常忽略了处理幼儿的愤怒情绪，甚至都没有好好考虑如何对幼儿的愤怒进行疏导，以免再次发生此类情况。如何妥善处理幼儿的愤怒情绪？我们可以试着在事后进行交谈，让幼儿自问"这样的小事，是否值得生气"，从而帮助幼儿主动缓解负面情绪。

除此之外，在教学活动方面，我还特意寻找了一些关于情绪表达的绘本，如《太阳公公笑哈哈》、《大卫，不可以》、"幼儿情绪管理绘本"等，指着绘本上的画面引导幼儿回忆："看这个难过的小男孩，你难过的时候，是这个样子吗？"

结合大班主题活动"我自己"，让幼儿通过对音乐、色彩等不同艺术形态的感受，丰富对自己情绪的理解，而不仅仅是高兴、不高兴。

我们所做的这些都是为了帮助幼儿认识到自己的情绪问题，并鼓励他们用语言而非暴力的形式表达出来。这样的方法能让教师与幼儿互相理解，有利于幼儿的性格塑造。

当幼儿会表达"我成功了"，却不会说"我很生气""我很失望"，这的确是一件令我们很丧气的事情。对于"情绪管理"这个课题，我们能做的太多了，对于这个目前空白的领域，我们需要不断地摸索和尝试。从改变幼儿的一个小小的动作和表情开始，帮助幼儿慢慢学会和自己的情绪好好相处。

用爱治愈青少年的"空心病"的实例分析

蔡婉琴

摘　要:《2022 年青少年心理健康状况调查报告》指出，14.8% 的青少年群体存在不同程度的抑郁风险，需要进行有效干预和及时调整。近年来，班级学生出现的抑郁情绪和抑郁症都需要引起高度重视，其中"空心病"是典型的症状，具体表现为价值观缺陷导致的心理障碍，觉得人生毫无意义，对生活感到十分迷茫，不知道自己想要什么，导致学业懈怠、人际关系疏远、自我封闭等问题。我们班的小一同学就是其中一个，她经常把无所谓挂嘴边，上课分心，封闭自我，远离同学。我通过每日送惊喜行动，关注她的变化，及时提供专业力量帮助，换位思考，引导家长接纳孩子，在日常中给予她力量，一点一点温暖她。本文将围绕温暖小一的案例，总结经验与成效。

关键词:青少年　心理健康　空心病

一、关注细微之处，洞悉心理变化

在上六年级时，小一性格开朗，和老师、同学相处融洽，对于班级事务积极上心，尤其喜欢组织布置板报、布置班级等活动，有强烈的表现力和集体荣誉感。但在学习方面，小一缺乏目标，更多是为了满足家长的期待。家长对小一的学习习惯和学习成绩关心，自觉要求不高，但事事安排，包括课外补习班和兴趣班。上七年级时，受特殊原因影响，学生缺少与同伴的现实交流，居家期间他们转向网络满足社交需求。网络的虚拟性和自由度让他们找到了自认为安全的空间，小一变得越来越依赖网络。从在课堂上越来越少发言到作业迟交，小一需要每天加入补作业自习室，学习上有点跟不上大部队。像小一这样网课学习懈怠的同学不在少数。

恢复线下教学后，大家在慢慢调整适应，小一也是其中一员。尽管学习上她没有落下，成绩没有明显的起伏变化，但通过每日观察小一的表情变化，与周围人的交流动态，我发现小一越来越封闭自己。以前在班级总能听到她爽朗的笑声，现在她变得内敛，不愿意参与班级的活动，不愿意表达自己的观点。为了更好地了解她的心理状态，除了观察、面谈，我设计了一个每周目标的小活动，引导学生写一写每周目标，目的在于了解学生的短期目标，激励学生每周都过得有意义。连续两周小一写得都比较空泛，突然有一周，她匿名写下"活到这周二"。这张纸条引起了我的重视，我立马跟她谈话，但她笑着说自己是随便写写的，不用担心。直觉告诉我这件事情不简单，哪怕是随便写写也可能是她的求救信号，我立马跟小一家长联系，询问小一在家情况是否有异常，并且把情况反馈给学校心理教师。

二、联合专业力量，及时干预疏导

专业的心理教师与小一谈话后，发现她缺乏目标，空虚迷茫，有需要专业医师干预的必要，立即让我安排与家长面谈。面谈如期举行，家长对于小一的情况有点难以接受，认为她更多是青春期的叛逆，唯一的诉求就是玩电子产品，当玩电子产品的时候，孩子很活泼、有活力，完全没有任何消极的情绪和状态。我和心理教师共同引导家长，建议交由专业的医生进行诊断，相信孩子，接纳孩子。家长没有完全采纳我们的意见，只是安排了心理咨询而非去精神卫生中心寻求专业医生的诊断。直到孩子的厌学情绪越来越严重，我再次约谈家长，告知家长事情的严重性，请家长务必重视，采取行动。我一方面积极做家长的工作，另一方面持续关注小一的情况。除了日常对她的鼓励支持之外，我暗中找了心理委员帮忙，不让小一单独行动，关注她的言行，如有让她担心的情况及时与我联系。此外，我还发动了小一身边的社会支持，请小一的朋友们多关心小一，陪伴她，倾听她的心声，让她感受到身边的温暖。我依然会每天给小一带一个小惊喜，如文具、鼓励小纸条或糖果，慢慢地让她感受到现实的温暖。

■ 三、探究深层原因，引导家长接纳

通过每周与家长反馈小一在校的表现情况，关注并收集小一在校点滴事件，让家长清楚地了解小一的现状。小一的症状没有缓解，反而更加严重。之前还比较有效的双向沟通变成我的"单一拷问"，"小一，你昨天休息还好吗？""今天开心吗？""周末去上跳舞课怎么样呀？""今天课听得懂吗？"小一的回应都是不知道、无所谓、爱怎么样就怎么样吧⋯⋯在课堂上，她没有任何精神。看着日渐消极的小一，我心里越来越着急。

不知道是不是因为每天的小惊喜发挥了作用，这样持续每天关心两个月后，有一天，小一主动跟我说了自己的童年如何被安排，家长总是提过高的要求，尝试过沟通都被驳回，慢慢地她也就被动接受安排，不愿意再说什么了。听完之后，我很心疼小一，抱了抱她，我想我找到问题的症结了，其实是家长没有接纳她。改变一个成年人的想法是很难的，但我还是想尝试，因此我给小一爸爸写了一封信，告诉他小一的真实心理情况，希望他正视并接纳小一，关心支持她，帮助她找到生活的意义。

■ 四、关爱日常点滴，给予学生力量

小一爸爸看了我写的信之后，态度有了些许变化，至少愿意每天多抽出时间来陪伴孩子，也愿意停下来等一等孩子。我借机每周拍下或者写下小一进步的表现并发给小一爸爸，让他务必不带任何条件地夸一夸小一，如小一有时候放学留下来擦黑板、补充班级每日作业公示板、英语考试坚持写到最后一刻等。除此之外，我会在规则允许的范围内，等一等小一，比如她不愿意跑操，我会对她说："你现在很困，没事，我们先走，你等会会跟上对不对？"她信守承诺，虽然她比大家晚一点，但是她会跟上。

现在的小一情绪起伏依然很大，常常把"无所谓""随便你们"挂嘴边。但她和家人的关系有所缓和，有什么想法愿意跟家人沟通，而不是深藏心中，累积负面

情绪。无论是学习还是人际交往方面，她都对自己有一定的信心，愿意去尝试。

"空心病"是指内心空虚①，无意义感。只有通过细小温暖的举动，联合专业力量，家校合力，才能温暖孩子，慢慢帮助孩子重拾信心。

天生我材必有用
——利用积极心理学缓解高中生常见心理问题

季雨洁

摘　要: 近年来，高中生因为心理问题就诊的人数持续攀升。特别是部分学生在面对复杂的人际关系、学业压力以及原生家庭等一系列问题时，容易产生心理问题。严重的心理问题不仅会造成学生学业成绩下降，更会影响其身体健康和认知水平。本文将根据笔者现有经验，探讨高中生常见的心理问题及其形成原因，以及如何利用积极心理学提升高中生心理健康水平。

关键词: 高中　积极心理学　常见心理问题

一、核心概念界定

20 世纪 90 年代，积极心理学作为心理学研究的新兴领域在美国首次出现，马丁·塞里格曼等心理学家于 2000 年 1 月发表论文《积极心理学导论》标志着该领域的形成。积极心理学秉承人本主义思想，认可人的价值和尊严，突出人性中积极正向的一面。该领域的诞生改变了心理学对消极情绪、行为的既有研究取向。目前，积极心理学的研究内容主要分为以下三方面：个人的积极情绪，个人的积极人格特质以及群体层面的积极社会环境。① 随着积极心理学理论与实践的不断深入推

---

① 张莹. 积极心理学导向的高中心理健康教育优化分析［J］. 高考，2020（24）: 59.

广，越来越多的国内外高校开始引入积极心理学，并运用于心理健康教育工作中，旨在唤起学生内在积极能量、发掘潜能并成就更美好的人生。

二、高中生常见心理问题及其形成原因

根据埃里克森的人格发展八阶段理论，高中生正处于关键的"自我同一性探索"阶段。在这一阶段，不少高中生对自己的认知感到模糊不清，他们常常陷入"我是谁""我将来会成为什么样的人"等困惑中。此外，伴随着青春期的到来，他们不仅要应对心理上的挑战，还要适应生理上的变化。再加之高考等升学考试所带来的前所未有的压力，这些因素综合起来，让高中阶段的学生在学业、人际关系以及情绪调节等多个方面遇到众多心理问题。

本文结合国内学者的分析数据和学校心理辅导教师的个案辅导经验，从人际交往和家庭两个方面探究高中生常见的心理问题。

（一）人际交往方面

高中生在人际交往方面的问题是他们面临的主要心理问题之一。由于这一年龄段学生的思维模式大多仍处于由直观感受到初步逻辑推理的过渡阶段，他们对于人际关系的处理往往还停留在较为感性的层面，缺乏成熟和理性的思考与判断力，因此会造成矛盾的产生。① 段朝辉教授的研究显示，高中生在人际交往中普遍存在着一定程度的心理困惑，其中有90%的学生在与同学交往中都遇到了矛盾。

在我们的个案辅导中也发现高中生非常重视与同龄人之间的交流。随着自我意识的增强，他们渴望得到他人特别是同龄人的理解、尊重。且由于高中生在校时间长，和同班同学的关系更为密切，因此他们往往会选择在同班同学中建立友谊，很多心事常常愿意和同学、朋友倾诉，不愿意和父母等长辈讲。良好的同伴关系不仅能够通过互相帮助与鼓励提供情感支持和归属感，还可以通过知识交流、经验借鉴

等方式提高学业成绩。① 此外，高中生在与同伴交流互动的过程中，自我认知和价值观念也在逐渐形成。

但是，如果同伴关系处理不当也会产生许多矛盾和分歧。不良的同伴交往会影响学生的情绪，导致消极情绪的出现，如烦躁不安等。如果同学之间的矛盾长期存在，可能会造成双方之间的人际关系破裂，进而波及其他同学，甚至影响整个班级的凝聚力和团结性。更有甚者，部分学生可能会因为被其他同学孤立，或者遭受语言等伤害或暴力，从而产生心理阴影和心理创伤，导致厌学等严重后果。

部分学生和教师之间也容易出现矛盾，从而导致学生产生心理问题。一方面，学生渴望得到教师的关注与肯定，但高中教师尤其是非班主任的学科教师往往以传递知识为主，与学生之间缺乏深度交流，容易忽视学生的需求。如若学生没有得到预期的关心，那么本就处于敏感期的他们容易产生失望、猜忌等消极情绪，进而不愿意和教师再继续沟通，甚至对相应学科也产生抵触情绪。② 另一方面，高中生常常表现出以自我为中心的倾向，若其所持观点与教师不一致时，便容易引发抵触情绪并出现对抗性行为，在多个方面故意与教师"唱反调"以凸显个人特质。教师如若处理不当，学生往往会产生过度自卑、压抑、暴躁等心理问题。

（二）家庭方面

作为心理教师，在学校心理辅导的过程中发现，近年来有抑郁倾向和抑郁表现的学生越来越多，这部分学生通常已经出现了一些躯体化表现，例如长期失眠、早醒等，严重者还有自伤等行为。探讨其深层原因，大部分源自原生家庭。健全和谐的家庭结构，营造温馨愉快的家庭氛围，采用合理的教养方式是学生形成健康心理状态的关键。相反，长期生活在家庭成员不和谐、经常争吵的环境里，高中生更容易出现抑郁、焦虑等心理问题。

家庭沟通模式也是学生成长的关键因素。家庭沟通模式可以分为以下四种类型：亲密型、专制型、避免型和混合型。这些不同的沟通模式在学生的成长过程中

---

① 高舒. 从心理辅导个案的角度看高中生常见的心理问题种类及成因 [J]. 中小学心理健康教育，2022（19）：23—27.

② 杨慧文. 积极心理学在高中心理健康教育中的应用 [J]. 求知导刊，2022（21）：2—4.

都起到了不可忽视的作用。①

亲密型的家庭沟通模式是指一种以理解、尊重和开放为核心的家庭交流方式，家庭中每个成员的想法和建议都得到了平等的对待，并且会有积极的反馈。亲密的沟通环境可以帮助高中生建立自信和自尊，保持开放包容的人生态度，心理健康水平也较高。

专制型家庭沟通方式是一种限制性很强的模式，其主要表现为父母提出规则，要求孩子能够严格遵守。他们通常不会解释规则背后的必要性，而是采取强制措施迫使孩子顺从。一旦孩子表现出不顺从的态度或行为，会直接予以惩罚。适度的家庭权威对高中生来说可以提供一个稳定的生活环境和清晰的行为规范，这对他们的成长和发展是有利的。然而，如果长期缺乏平等和有效的交流，高中生可能会感觉到自己的观点和感受被忽略，甚至感到压抑，这种情况可能导致他们产生心理问题。

避免型家庭沟通模式是指在家庭成员间遇到冲突和问题时，倾向于回避或忽略问题而不积极解决的一种沟通方式。这种避免型沟通方式可能会阻碍高中生发展处理问题和解决冲突的能力。并且，生活在这样的家庭环境中，高中生缺乏面对冲突和表达意见的机会，在之后的人际交往过程中遇到矛盾时，也可能选择逃避的方式来应对，长此以往可能会造成负面情绪积压，形成社交焦虑、情绪障碍等心理问题。

混合型家庭沟通模式是指家庭成员能够根据不同情境选择最适宜的沟通方式。比如，在处理决策问题时，家庭可能倾向于采用专制型沟通方式，由家长做出最终判断；在表达个人感受和需求时，则转向亲密型沟通方式，鼓励每个成员开放、真诚地分享自己的想法和感受；在遇到冲突和矛盾时，可能暂时采用避免型沟通方式以缓和矛盾，待情绪稳定后再寻求解决方案。对于高中生而言，混合型家庭沟通模式提供了一个多样化和开放的成长环境，有助于他们学习和掌握多种沟通技巧。需要注意的是，采用混合型沟通模式时，家庭成员应注意各种沟通模式之间的平衡和协调。

---

① 范文娟. 高中生心理健康教育与家庭沟通模式的关系探究［J］. 当代家庭教育, 2023 （18）: 42—45.

三、利用积极心理学缓解高中生常见心理问题

（一）强化积极情绪

高中生在学业、人际关系、家庭等方面遇到困扰时，常常还伴有不同程度的情绪问题。而积极心理学运用的第一步便是发现并强化积极情绪。学者王文娟通过对13名学生进行积极情绪团体辅导的研究发现，团体成员在积极情绪表现上有明显的变化，其消极情绪占比亦显著减少。[①]

在实际运用中，积极情绪的发现和强化是多样的。例如，当学生因为同伴关系出现情绪问题时，教师可以和学生一起探讨目前的积极情绪和消极情绪，帮助学生认识到每种情绪的来源和影响，再通过"积极赋义"的方式，让其重新审视人际关系中的问题。积极赋义是指帮助个体从不同的角度看待问题，寻找其中可能存在的积极方面。此外，在日常的学校生活中，教师也可以通过感恩训练等活动帮助学生发现和体会积极情绪，回顾生活中美好的部分。

（二）构建积极氛围

积极心理学认为，一个包容和积极的环境能够促进个人幸福感和提升心理健康水平。而校园是学生成长的摇篮，和谐积极的校园或班级氛围不仅有利于学生学习成绩的提高，更有助于培养学生健康积极的心理状态。

因此，在物理环境方面，教师可以在学校或班级增加绿植，接触自然有助于降低学生的压力水平，让其放松心情。除此之外，教师可以在校园的显眼位置放置鼓励的标语，提醒学生保持积极乐观的态度，加强凝聚力，还可以设置情绪宣泄室或按摩放松屋，让学生有足够的空间进行身心压力的释放。另外，教师还可以通过开展多样化的活动或社团，营造积极乐观的校园氛围，例如定期举行团体活动以增强凝聚力，利用活动课发挥学生优势、才能，增强学生自信心，形成融洽积极的校园氛围。

---

① 王文娟. 积极心理学之积极情绪在高职院学生团体辅导中的应用研究 [J]. 张家口职业技术学院学报，2014（01）：43—45.

班主任心理辅导学习共同体的实践探索

杨 静

摘 要： 班主任面临着学生心理健康问题日益凸显的困扰，常感到压力大、缺少方法。教育界提倡建立以专职心理教师为核心、班主任为骨干的心理健康教育队伍。我们希望结合华旭双语的情况，搭建班主任心理辅导学习共同体。本文以文献法、调查法、行动研究法为主要研究方法。先了解班主任心理辅导学习共同体的学习需求，然后确定具体主题和内容，开展主题分享、专家讲座、体验活动、案例分享、经验分享等线下学习活动，同步学习两门网络专业研修课，最终提炼出华旭双语的班主任心理辅导学习共同体建设方案。当然，我们将在今后进一步研究需求问卷的合理性、学习共同体建设的其他路径等问题。

关键词： 班主任 心理辅导 学习共同体

一、国内外研究现状评述

（一）核心概念的界定

班主任是班集体的组织者、教育者和指导者，是学校领导者实施教育、教学工作计划的得力助手。[①] 对班主任的界定为：在以班级为学生学习和活动基本组织单

---

① 李莉.班主任专业化培训有效性的探索［D］.上海：上海师范大学，2011.

元的中小学学校中，班主任既是教师工作岗位中的一种专门岗位，又是教师中专门对班级组织负责的人的集合。我校班主任的界定为：班级工作的组织者、班集体建设的指导者、学生健康成长的引领者。

心理辅导，本文主要指学校心理辅导，是教育者运用心理学、教育学相关理论和技术，通过团体辅导、个别辅导、教育教学中的心理辅导以及家庭教育指导等多种形式，帮助学生悦纳自我、调节自我，开发自身潜能，促进其心理健康与人格和谐发展的一种教育活动。[①]心理辅导的对象是处在发展时期遇到心理困惑的普通学生。

学习共同体指参与者围绕共同的主题，在相同的学习环境中，相互信任、共同学习，通过活动、分享、对话、协作等形式，建构一个具有独特文化氛围的动态结构。我们要研究的班主任心理辅导学习共同体，是从学校和班主任的实际需求出发，目的明确，强调实践性与互动性的学习载体。

（二）国内外研究现状评述

班主任这一岗位是我国独具特色的岗位设置。其他大多数国家没有明确设置该岗位，一些教师承担的职责也有类似于班主任角色的，但多数没有从工作职能角度进行明确界定。比如美国学校有类似班主任的咨询工作者，他们充当事先对学生日常行为进行干预的角色。这些咨询工作者有一个培训体系，没有系统的心理辅导专项学习。

学校是中小学生心理健康教育的主阵地，而学校心理健康教育的师资尚不足以满足心理健康教育工作的实际需要。目前教育界提倡建立以专职心理健康教师为核心、以班主任为骨干的心理健康教育队伍。

专职心理教师主要负责学校各项心理健康教育活动的组织与实施，进行发展性心理健康知识的宣传普及（心理健康课、关于心理的微信推文等），引导学生关注心灵，通过学生小组辅导、团体心理辅导课或讲座等形式，辅助学生解决共性的心理困惑，完善心育队伍，强化家校合作（教师心理培训、心育问题咨询、家长心理讲座、家庭教育个别指导等），为有心理困扰的学生提供自我探索、情绪调节、同

---

 ①　吴增强.现代学校心理辅导［M］.上海：上海科学技术文献出版社，2005：157.

伴关系等方面的个别辅导，进行心理评估或心理危机干预等。

班主任开展心理辅导更具时效性，既符合教育学、心理学原理，也符合我国的教育实际。班主任主要负责识别本班普通学生是否存在心理冲突，通过个别谈话、主题班会、班级环境（物理环境或人际环境）设置等方式，利用心理辅导理念与技能引导有心理困惑的学生缓解心理冲突，并及时和家长沟通交流，引导家长共同协作帮助孩子。必要时，及时转介至心理辅导室，共同预防或干预心理危机。

目前国内不同地区和学校对班主任心理辅导专项培训有过一些探索和实践，有的学校用实践证明了班主任心理辅导校本培训的成效，但因各种原因未能推广。因各校实际情况不同，不可照搬硬套。我们希望在前人实践研究的基础上，搭建心理辅导学习共同体的框架，结合本校的实际情况完善校本化体系。

二、问题的提出与研究价值

在复杂多变的社会环境、日益复杂的教育环境下，学生的心理健康问题逐渐凸显，影响着学生的健康发展和家庭的幸福。[1] 管理任务烦琐、心理问题凸显等困扰，常让班主任感觉到工作压力大、疲于应对。

作为心理教师，我经常接到班主任的咨询：在班级管理中，学生遇到心理冲突，如何从班主任角度进行引导？如何及时识别异常情况，及早干预？如何更好地争取家长的配合，增强家校沟通实效？作为班主任，如何更有效地调适自我，更高效地投入工作？……我感受到了班主任对学习心理辅导技能的迫切需求。

研究发现，心理辅导可以有效帮助学生缓解心理冲突、疏解不良情绪、发展潜力。心理辅导具有较强的专业性，而班主任普遍缺乏相关技能。调查发现，班主任最迫切需要的是加强心理辅导方面的培训，比如师生沟通艺术、问题诊断与策略研讨等。而学习资源不足是心理健康教育工作发展、护航学生身心健康的一大障碍。

因此，本研究拟探索构建班主任心理辅导学习共同体平台，聚集心理辅导技能相关资源，以帮助班主任缓解工作压力、提升工作实效。

---

① 丁雪婷. 区域视角下教师专业学习共同体构建策略研究［D］. 吉林：东北师范大学，2015.

研究价值在于：（1）搭建学习共同体平台，协助班主任提升心理辅导技能，促进班主任队伍的专业化发展。（2）了解、满足班主任实际工作中的心理辅导需要，为班主任提供有力支持。（3）完善学校心理健康教育核心团队，更好地为学生身心健康安全护航。

三、研究目标与方法

（一）研究目标

聚焦心理辅导技能，帮助班主任提升心理冲突识别能力、应急处理能力、家校沟通自信、自我心理调适能力等心理健康教育素养。搭建学习共同体，为班主任专业化发展提供支持，提炼学校班主任心理辅导学习共同体的建设实践方案。

（二）研究方法

一是文献法。国内外学者在理论、实践方面的探索经验都是学习和借鉴的宝贵资料。

二是调查法。进行个别访谈与调查，了解班主任工作的实际需求，制订有针对性的学习共同体实施计划。

三是行动研究。组织引导班主任在心理辅导学习共同体中一起学习、交流，并把所思所得付诸工作实践。根据班主任的实践反馈，心理教师负责调整学习共同体活动主题、形式等，最终总结提炼出实践探索方案。

四、具体研究过程

2020 年 7 月至 9 月为准备与基础研究阶段，我们收集整理了现有的文献资料、线上课程资料等，找到了一些可借鉴的实践案例。

2020 年 10 月为探索设计阶段。结合学校实际和文献资料，围绕"班主任心理辅导技能"设计了需求调查问卷，以了解当前班主任心理辅导的技能现状和需求，从而构建班主任心理辅导学习共同体活动的基本框架，形成由活动目标、主题、评价方式等组成的初步实施方案。

比如，需求调查问卷中有这样的题目："您希望学习哪些方面的能力或素养?"结果显示，班主任对班级管理技能、心理辅导技能、应急事件处理技能的学习需求较高，迫切希望了解各种典型心理问题的处理方式、沟通的艺术、教师心理成长与职业发展等方面的内容。班主任普遍认为教育难度较大的是学习动机、学习方法的培养，价值观的引导以及强迫抑郁等严重心理问题的辅导。主要的困难来自精力不足、方法储备不够、家长不够重视配合等。且大部分教师对自己的心理辅导技能信心不足。教师最易接受的学习方式主要有专题讲座、案例分析、研讨小组、情景模拟等。

基于问卷调查结果，我们确定了如下结构的学习共同体：以心理辅导技能、自我观照、实践与反思三大模块为主要内容①，以参与者为中心，注重理论素养提升和实践指导相结合的互动式交流学习平台。

2020年10月至2021年6月为实施与总结阶段。在初中部实施初步方案，根据效果评估、即时反馈进行修改和再实施，最终提炼出具体的实践方案。

下表是线下活动框架，涵盖三个模块的具体主题。

班主任心理辅导学习共同体活动框架

心理辅导技能	青少年主要心理特点	实践反思	答教育困惑专家讲座
	典型心理问题与基本应对方法		心理辅导实践与反思
	应急处理办法		沟通的艺术
	学生心理危机识别与预防		主题班会设计、实施与反思
	抑郁、焦虑等心理问题，我们能做什么	自我关照	如何与压力和平共处
	如何对学生进行心理辅导		学生管理问题诊断研讨
	学习动机培养、学习习惯及方法养成		精力与时间管理
	主题班会设计与组织专家讲座		如何寻求支持与协作
	网络是把双刃剑		感受幸福，携手成长

---

① 李彬彬等．小学班主任实施班级心理健康教育策略研究［J］．重庆第二师范学院学报，2020，33（03）：73—77．

学习共同体的开展形式，不仅包括主题分享、困扰案例分析、优秀案例分析、心理辅导知识讲座、优秀班主任分享、参与式研讨、情景模拟、主题班会专家讲座等，还包括互动体验式活动、经验分享会、线上课程或资料的分享、相关书目推荐。此外，还同步学习了"新手也老练——班主任专业能力提升""关注学生心理　激发内在潜能'2021年中小学教师心理健康教育能力提升"网络研修课程，教师全部顺利通过了研修考核。

为了评估研究效果，我们设置了学习共同体反馈问卷、心理健康教育水平问卷的前后测。请现任班主任设计实施一场主题班会心理活动，进行现场模拟心理辅导，并整理撰写一份真实的学生心理辅导案例。

五、研究结果与反思

（一）研究结果

经过一年的学习和研究，我们得到了以下结果：

第一，初步搭建了班主任心理辅导学习共同体平台，协助初中部班主任提升了心理辅导技能，在一定程度上促进了班主任队伍的专业发展。线下体验式活动受到教师的欢迎。我们发现，经过一年的学习后，主动进行心理辅导和寻求心理服务支持的教师人数增至三倍，热情空前高涨。

《心理健康教育水平调查问卷》结果显示，前测（平均得分94.7）和后测（平均得分99）的结果的确是有差异的，心理健康教育水平有一定的提升。但因为教师工作较忙，导致问卷样本数量比较有限，只有11个有效数据，最终的统计学差异（成对双样本 t 检验）不显著。

为此，我们邀请教师对学习共同体活动进行匿名反馈。大家认为学习共同体的有用性平均为76.4%，满意度为85.7%，后续参与意愿为65%。教师们纷纷表示收获颇丰，对于解决学生的各种问题，有很多交流和收获；有着翔实的案例分享，收获很大；对自身发展和职业发展都很有帮助；感觉没那么焦虑了……

第二，涌现出一批热爱心理健康教育的教师，为完善心育核心团队奠定了基础。比如，有几位教师积极参加了点亮心灯心理健康活动周的组织与实施，设计并实施了一场主题班会心理活动，撰写了学生心理辅导案例。

（二）反思与展望

当然，此研究仍有不足之处。首先，在文献搜集阶段，未能对"学习共同体"的形成阶段与具体路径做进一步的研究，导致在实施过程中"教师作为学习共同体的主体性"未得到充分体现。比如，在案例分析活动中，请教师分享自己的疑难案例，有些教师给予了分析和建议，但未追踪之后的实施效果。以后若再开展类似活动，需要邀请案例分享者在使用教师推荐的方法后，反馈效果和感受，从而形成情感共鸣，达成学习共同体的共同愿景。

其次，以后的学习共同体活动需要制订较严格的规则，若因故不能参加某次活动，需要在之后补学。每一次活动，分工明确到人，比如案例分享会可以设置"案例分享者""分析原因者""提供对策者"等角色，从而提升学习共同体参与者的责任感。此外，因为时间的限制，"自我关照"这一模块的体验互动活动开展不足。

将来，我们希望继续拓展和延伸这个研究，增加更多互动式体验活动，引导教师研读《学生发展与教育指导纲要》一书，帮助教师在实践中学习、在学习中成长。

总而言之，教师是学校最宝贵的资源。我们相信，经过共同体学习，每位教师都可以成为心理健康引导者，定能更好地为学生的身心健康成长护航。

赋能共育

走向校家社协同

在当今教育的大背景下，教育不再局限于学校的四壁之内，而是涵盖了更广泛的范畴，包括家庭和社区的参与。在学生的成长过程中，学校、家庭和社区三者之间的紧密联系和合作至关重要。校家社共育是学校、家庭和社区之间的一种深度合作和共同育人的重要模式。它不仅强调了教育的全程性和全方位性，更是学生健康成长的重要保障。在这种模式下，学校教育已不再是学生成长过程中唯一的教育场所，而是与家庭和社区共同育人的重要平台，并起到联结家庭、社区的关键作用。学校、家庭和社区各自扮演着不同的角色，相互协作，共同为学生的成长提供良好的环境和资源。学校是教育的主阵地，承担着传授知识、培养能力的使命；家庭是孩子最初的社会化单位，是情感的港湾和价值观的传承者；而社区则是学校和家庭之间的桥梁，是资源的整合者和服务的提供者。只有学校、家庭和社区三方通力合作，才能真正实现教育的全面发展，为学生的成长搭建良好的平台。在这个背景下，华旭双语积极推进校家社共育工作，将其作为学校的重要发展战略，为每个学生的成长提供全方位的支持与保障。

作为一所拥有幼儿园至高中四个学部的学校，华旭双语基于学校学生成长教育体系，秉承全人教育的理念，追求"培养以中华优秀传统文化为根基的、具有国际竞争力的、成功的学习者"育人目标。学生成长教育聚焦每一个学生的全面发展，是学校全人教育理念的重要实践。学校提出"学会做人""学会学习""学会做事""学会共存"等学生成长教育的四大学习领域，及十二大学习者素养。基于学校的育人体系，聚焦对学生衔接期、关键期家庭教育的指导和支持，学校创设"衔接贯通，赋能 xù 课堂"，积极构建家庭教育指导体系，进一步健全学校、家庭、社会三者共育的育人机制。

为了保障华旭双语的家庭教育指导工作顺利进行，学校确立了明确的目标规划，构建了完善的组织机构，优化了人、财、物的投入和保障。学校在学校章程、学校新五年规划等校级规章文件中将家庭教育内容纳入其中，从制度层面对这一工作进行保障。从师资培养、绩效评估、经费保障等方面全面规划，保障了家庭教育工作的开展。

家委会作为学校与家庭之间沟通的桥梁和纽带，发挥着重要作用。学校着力规范建立家委会，构建了健全的家委会组织架构，并完善相关制度，确保其正常运作。通过家委会的建立，我们促进了家校之间的密切合作，增强了家长对学校教育的参与度和满意度。与此同时，我们努力整合各方资源，建立了校家社协同育人机制，成立了家长学校，为家庭教育提供了丰富的专业资源。在此过程中，我们还加强了家长学校管理制度的建设，确保其活动开展质量。这一系列举措有效地促进了学校与家庭之间的密切合作，加强了家校沟通，提升了教育质量，为学生的全面成长提供了有力支撑。

在这样的校家社协同共育整体框架下，学校教师在日常工作中十分注重与家庭的沟通工作。本板块中所展示的是华旭双语学校推进校家社协同共育工作中的有效实践。其中包含对学校"衔接贯通，赋能 xù 课堂"家庭教育指导工作中的特色品牌项目的介绍；从幼儿园、小学、初中班主任角度，分别用具体事例诠释家校沟通的有效途径；以培养学生兴趣为研究点，探讨家长教师协作的方式。几篇文章均是对学校、教师实际工作的凝练。希望能够给读者一定的借鉴。

衔接贯通，赋能 xù 课堂
——华旭双语学校家庭教育工作案例

徐嘉乐　畅毅祥

摘　要： "衔接贯通，赋能 xù 课堂"是华旭双语家庭教育工作中的品牌项目。本文介绍了这一品牌项目的由来、内涵界定及实施的途径。从规范建设家长学校基础课程、专题课程、个性化课程这三类课程的角度，为同类学校提供可行性方案。

关键词： 衔接　家长课堂　学校家庭教育

　　家庭教育工作是华旭双语学校育人体系中不可或缺的一部分。此项工作不仅仅是对家庭教育进行指导工作，更是融合了各方资源，促进了学校、家庭、社区的共通，形成合力，为学生的成长和发展起到促进作用。从微观而言，这对学校学生的每一户家庭产生影响；从宏观上讲，这也为社会的和谐稳定起到积极的作用。

一、家庭教育工作品牌项目名称解读

　　"衔接贯通，赋能 xù 课堂"是上海华旭双语学校家庭教育工作中的品牌项目。其名称当中的"xù"为拼音，包含多重含义。一是华旭双语学校校名中的"旭"，是专属于华旭双语的家庭教育品牌；二是蓄力的"蓄"，学校希望用这一特色品牌项目，为家庭教育蓄力，为家长、教师育人能力的提升蓄力；三是连续和持续的

"续"，学校希望这一特色品牌项目是一个具有教育连续性和持续力的、可持续发展的家庭教育项目。因此在项目设计中需要我们充分考虑时代的进步和家长受众群不断变化的需要。

二、品牌由来

上海华旭双语学校作为一所十二年一贯制学校，拥有幼儿园、小学、初中、高中四个学部，不同学段的学生拥有截然不同的年龄特点。学校幼儿园升小学、小学升初中、初中升高中各自有不错的直升率。因此，从某种程度上说，学校肩负着一个学生 15 年的成长和一个家庭 15 年的家庭教育指导的职责。意义重大，责任也重大。如何承接上一个学部的家庭教育工作，做好下一个学部的家庭教育工作，做到无缝衔接，让四个学部的家庭教育工作融为一体，前后贯通，显得非常重要。

学校拥有完整的学生成长教育体系，是学校整体课程体系中一个重要组成部分，是与学校学术课程和学校文化互为依存、互为补充的教育体系。上海华旭双语学生成长教育体系的指导思想是：以全员参与、全程融入和全面发展为基本理念，让学生通过学校成长教育体系的有效实施，逐步养成为人、为学、为事、与他人及社会和谐共处的道德、习惯、品性和优秀的公民素养。学校的学生成长教育体系涵盖《中小学德育工作指南》[①] 所提出的对学生进行的政治、思想、道德和心理品质教育方面的要求，在华旭双语教育理念指导下，针对每一个学生个性化成长持续的关爱、指导和支持。家庭教育指导体系应与学生成长教育体系相融合，让家长充分理解学校的育人理念，共同助力学生成长。

三、内涵界定

基于学校以上特点，"衔接贯通，赋能 xù 课堂"聚焦学生一年级、六年级、十年级的衔接期准备，以及幼儿园小班、三年级、五年级、七年级、八年级、十二年级这些学生成长的关键期，重视学生衔接期、关键期的年龄特点和特殊成长需求。

---

① 教育部关于印发《中小学德育工作指南》的通知［J］.中小学德育，2017（09）：4—9.

设置宣讲学校办学理念、课程设置、育人目标，提高家长认同感的家长学校基础课程；设置在衔接期、关键期认识学生身心特点，给予有效陪伴指导的专题教育内容；设置危机干预、ADHD 支持等个性化课程。用专家讲座、家长沙龙、线上微课堂等多种方式，线上、线下推进课程。在实践过程中，慢慢积累课程资料，构成课程素材库，使课程能不断精进、改良，以适应时代的进步和家长受众群不断变化的需要，从而提升家长沟通能力、教育能力、管理能力、情感支持能力、自我管理能力。该项目实现了家长与学生共同成长，家庭与学校同发展，家庭育人目标、育人行为和学校育人目标、育人过程的同向同行。

四、实施途径

（一）课程架构

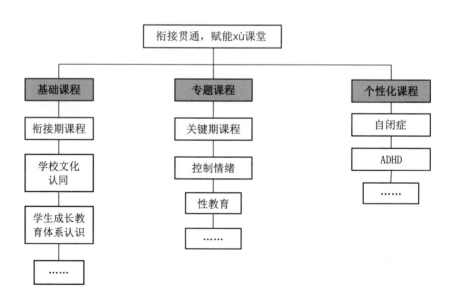

华旭双语学校"衔接贯通，赋能 xù 课堂"课程图谱

"衔接贯通，赋能 xù 课堂"品牌项目是家长学校的创建特色，其课程按照家长学校创建要求，设置基础课程、专题课程及个性化课程这三类课程。其中基础课程关注各学段新生，开设学校文化及教育理念宣讲、学校成长教育体系介绍等关乎学校基础认知的课程，使家长和学生更快融入新集体，增强其对学校的认同感。专题课程聚焦小班、三年级、五年级、七年级、九年级、十二年级这几个在学生成长过程中有特殊性的年段，开设相关课程，让家长更好地关注学生问题，帮助学生成长。个性化课程则是为个别有特殊需求的学生开设的课程，帮助其家长清晰认识问题，有效帮助孩子。

（二）课程设置

家长学校以国家和上海市家庭教育指导大纲（修订）为依据，[①] 结合学校十二年一贯制学制的特点，凸显四学段衔接性、贯通性。开设三类课程如下：

一是基础课程。关注各年段新生，开设新生入学家长学校基础课程，介绍学校文化及教育理念，介绍学校成长教育体系，增强学生家长对学校的认同感，使家长和学生更快融入新集体，并达成家校共识，以更好地促进之后的家校合作。

二是专题课程。聚焦幼儿园小班、三年级、五年级、七年级、九年级、十二年级这几个在学生成长中有特殊性的年段，开设相关课程，以让家长更好地关注学生问题，帮助学生成长。

三是个性化课程。为个别有特殊需求的学生开设个性化课程，帮助小部分有特殊需求的家长清晰认识，有效帮助孩子。设置危机干预、ADHD 支持等课程。

家长学校用专家讲座、家长沙龙、线上微课堂等多种方式，线上线下推进课程。在实践过程中，慢慢积累课程资料，以构成课程素材库，使课程能不断精进、改良。更加符合时代的进步和家长受众群不断变化的需要。与此同时，家长学校每学年设计调查问卷，听取家长意见，根据家长诉求，丰富课程内容。课程以线上、线下结合的方式开展，并且进行录制，方便家长参与学习。家长学校设有优秀家长评选表彰制度，鼓励家长参与家庭教育学习。三类课程结束后会收集家长反馈意见，不断改进，获得了家长高度评价。

"衔接贯通，赋能 xù 课堂"是华旭双语校家社共育的一项品牌工作，聚焦各学部，衔接中学生的成长，也能为同类学校开展家庭教育指导工作提供可以借鉴的经验。

---

① 邹竑.《上海市家庭教育指导内容大纲》出台 [J].上海文化年鉴，2009（01）：115.

家校合力，让家庭成为最好的学校

蔡婉琴

摘　要： 家庭是学校，家长是教师，在家庭这所"学校"里充满丰富的教育资源，只要你足够用心挖掘，家庭会成为一个很强大的教育场。家长的思维方式和行动都在潜移默化中影响着孩子。作为班主任，我开辟了家长教育故事专栏和家长电台环节，提供家长分享经验的平台。家长要尊重孩子需求、有效沟通、营造良好家庭环境以及给予孩子无条件的爱，家庭这所学校才能成为最好的学校，滋养孩子的心灵，为孩子的成长保驾护航。

关键词： 家校合力　家庭教育　故事分享

　　家庭是社会的基础单元，家庭教育是学校教育和社会教育的基础，是教育生态系统的重要组成部分。《中华人民共和国家庭教育促进法》明确提出，形成家校社三方联动机制，需要充分发挥家长的主体作用，有力发挥学校和社会的支持作用。在教育"内卷"的时代，家长的焦虑容易投射到孩子身上，造成亲子关系紧张。如何让家长接纳自己的孩子，找到孩子的差异性并扬长避短是我一直思考的问题。与其让家长总是关注别人家的孩子，不如引导家长说自己的育儿故事，无论成功或失败，只有不断思考、学习的家长，才能在不断变化的时代中坚守自身的育儿理念，承担起培养孩子的责任。[①]

---

① 鲁士发.'家校社'的教育责任边界及其融合推进理路［J］.两岸终身教育，2024，27（01）：8—14.

著名教育家杜威说过,真正的教育是学生"天赋能力的生长",是人的"经验的改组或改造",它就是我们的生活本身。生活即教育,家长积极乐观的生活态度会在潜移默化中影响孩子对生活的理解与感受。学习很重要,学会生活同样重要。经过一个学年的收集,家长观察生活中与孩子的互动点滴,形成故事,与我分享。在 20 个故事中,我总结出优秀家庭教育的共同之处:尊重孩子需求、有效沟通、营造良好家庭环境以及给予孩子无条件的爱。

一、换位思考,尊重孩子需求

A 家长平时会利用角色扮演、故事渗透的方式影响孩子的观念和行为。比如角色互换,孩子当妈妈照顾她,她当女儿,孩子每天做一些平常妈妈需要做的事情:洗衣、做饭、拖地、照顾家里人。体验过后,妈妈告诉孩子,母亲本身并不伟大,把平凡的事重复做,所以才伟大。体验式的教育方式比苍白的说教更有效果。这个学生在学校中经常主动承担班级事务,体谅老师的不易,感谢老师的付出。

尽管懂事乖巧,但这个学生和同龄人一样,存在对电子产品依赖的问题,为了帮助她改掉这个习惯,A 家长先看完《自控力》这本书,用书中要点跟孩子讲控制自己的重要性,并让孩子自己起草协议,管理自己,对于协议中不合理的地方及时提出并与孩子共同讨论。目前运行下来,孩子能够遵守约定,家长也不用担心因为电子产品问题会引发家庭矛盾。

我认为这位家长的成功秘诀在于充分了解孩子的心理需求,注重正面引导的同时给予孩子一定的自由度。孩子自己拟定的书面协议,她不得不遵守。这样一来,既培养了孩子的规则意识,也解决了电子产品管控这一难题。沉迷电子产品是青少年阶段面临的一大难题,家长和教师一定要充分了解孩子沉迷电子产品的原因,尊重和满足孩子的心理需求,对症下药,宜疏不宜堵,在解决电子产品沉迷问题的同时引导孩子养成良好的习惯,提升媒介素养,远离不良诱惑。

二、有效沟通,回应孩子需求

青少年阶段的孩子独立意识增强,不愿意与父母交流,更喜欢和同伴探讨游戏、动漫等他们感兴趣的话题，与家长的沟通之门逐渐关闭。B 家长注重与孩子进行有效沟通。之所以强调有效沟通是因为很多家长也会和孩子沟通，但一般是命令式的，如"去写作业""别玩了""去吃饭洗澡"，或者怀疑式的，如"你今天是不是没认真?""你是不是又被老师批评了，否则老师为什么来找我?"这样的沟通并不能让家长了解孩子的心理变化，反而会让孩子觉得父母总爱管自己，产生逆反心理。

B 家长一直保持着跟孩子沟通的习惯，每天询问学校有趣的事情，当孩子不愿意分享的时候，他利用书信、每日计划的方式与孩子沟通。真正走进孩子内心并且用孩子乐于接受的方式沟通就是有效的沟通。当有效沟通成为常态化，其他工作就水到渠成了。尽管孩子不清楚自己的未来方向，但这位家长心中有数，让孩子每天制订自己的计划。

很多家长也会让孩子做计划，这位家长的高明之处在于每天进行有效沟通。一天结束后家长会和孩子总结，点评一天的表现，有做到的及时鼓励，没有做到的分析原因及时调整。除了孩子做计划，家长每天也在日历上写下孩子的完成情况、鼓励和建议，一方面了解孩子的动态，另一方面也是给自己心理安慰。这样每天一来一回的留言，让孩子和家长专注于自己的同时，能及时了解对方的想法。

三、营造环境，引导孩子成长

直接教育对于青春期的孩子收效甚微，利用良好的亲子关系、家庭环境布置、家庭制度等隐性教育手段会有意想不到的收获。C 家长培养孩子的目标明确，在不同阶段与孩子共同制订相应的成长计划并逐一落实。孩子自律性强，网课不需要监督并能出色地完成各项任务，能取得这样的效果与家长的用心教育分不开。

首先，营造良好的学习环境。这位家长真的做到让书房的墙壁会说话。将孩子努力获得的奖状贴在墙上，激发孩子学习的积极性和自信心。每日课表写在显眼的展示板上，提醒孩子守时并及时做好课前准备，进入学习状态。乐器放在明显的位置，无形中引导孩子选择更有意义的课后活动。

其次，将未来教育计划落到实处。家长根据孩子未来的求学计划，有针对性地设置每日打卡任务，孩子在每日打卡中培养积极的学习态度和坚持学习的良好习惯。不必跟孩子说教未来教育需要什么样的人才，孩子会在每日打卡任务中逐渐了解并认同。最后，利用制度培养孩子的规则意识。

和很多家长一样，孩子沉迷电子产品是让家长头痛的问题。这位家长不排斥孩子使用电子产品，鼓励孩子挖掘潜力，在玩中学。和上一位家长一样，他和孩子签订君子协议，奖惩分明，让制度来约束孩子。

四、不求回报，给予孩子无条件的爱

家庭教育中，父母的角色至关重要。他们是孩子成长过程中最亲密的伙伴，也是最重要的引导者。[1] 很多家长在养育孩子时，会根据自己的成长背景和经历，尽力为孩子选择自认为最适合的路，当孩子无法满足期待的时候会有意无意地表达失望，让孩子觉得父母的爱是有条件的。长此以往，孩子会出现自卑、患得患失的情况。

几乎所有的老师都跟我说过 C 同学的家长肯定特别支持她，能感受到她的底气和自信。从学习材料的准备、小测前的鼓励、比赛前的指导、人际交往的建议，孩子都能感受到家长的支持和爱。记得六年级时，C 同学的家长赶到学校给孩子送演出服，并笑称自己是打下手的，为孩子服务。几乎 C 同学的每次比赛她都在场，每一次取得成绩，家长都是由衷佩服并给孩子持续不断的鼓励。

D 家长分享，孩子对数学学习没有找到合适的方法，一直以来都不太自信。虽然她和孩子爸爸都是数学学霸，也认为数学学习对孩子未来发展至关重要，但从来没有让孩子感受到他们的失望，相反，他们一直相信父母的爱心、耐心和信心一定会激发孩子数学学习方面的潜力。所以她试着让孩子报名参加数学竞赛，尝试更灵活、生动、富有趣味性，同时也贴近生活的数学题。他们希望孩子理解数学、欣赏数学，激励孩子去研究、去创新，激发孩子学习数学的兴趣，培养她主动探索的精神。他们也希望找到一种与实际生活紧密相关、研究式、探索式的教学方式，探索如何用数学解决实际生活中的问题，培养孩子的创造性思维、批判性思维和实际解决问题的能力。一开始非常艰难，孩子濒临崩溃，家长始终坚持，决定逼孩子一

---

① 约翰·杜威.民主主义与教育［M］.王承绪，译.北京：人民教育出版社，2001.

把，并为孩子找到"外援"——就读于上海中学的表姐和资深的专家。学霸前辈和资深专家对数学研究的严谨态度和锲而不舍的研究精神对孩子在今后养成良好的学术态度也产生了正面积极的影响。孩子很争气，以优异的成绩通过了第一、第二阶段的比赛。通过这次竞赛，孩子提高了学习数学的信心，她已经决心申请参加在美国举行的总决赛。

教育孩子是每位家长一生的功课。很多家长认为育人是学校的事情，殊不知家庭也是一所学校，并且蕴含丰富的教育资源，只要家长用心地挖掘，一定能让家庭成为最好的学校，让孩子拥有幸福人生的底色和自信。

家校连心，共情共育共成长

胡佳丽

摘 要： 教育是一场"双向奔赴"，需要教师、家长有效配合。家校沟通是衔接家校双方的桥梁，更是教师反馈教学成果、家长表达教育需求的重要契机，在学生的成长中发挥着不可忽视的重要作用。家校沟通的成功在于技巧方面，只有家长与教师双方通过交流彼此的观点、感情，做到相互理解和相互支持，才能达到家校沟通的最高境界。

关键词： 家校沟通 教育 班主任

家校沟通是班主任工作的重要内容，是实现良好家校关系的基础。良好的家校沟通不仅关乎学生的学习和成长，更是提升学生全面素质的重要途径。家校沟通的成功在于技巧方面，只有家长与教师双方通过交流彼此的观点、感情，做到相互理解和相互支持，才能达到家校沟通的最高境界。在开展家校沟通的过程中，班主任应该秉持以心换心的理念，在尊重学生的前提下，向家长传达自己的教育理念，取得家长的认可与信任，使家校沟通工作能够顺利开展。

一、家校沟通的技巧和策略

（一）信任是家校沟通的桥梁

信任是沟通的桥梁，是家校关系的纽带。好的信任关系，能为家校沟通创造轻松愉快的氛围。家长对教师的信任是一点点建立起来的。开学初期,面对陌生的物理环境和陌生的人际环境,家长除了有对学生学习上的期盼和担忧,心中或多或少还会有一丝丝情感上的担心和不安。这时的班主任就要通过一个微笑、几句暖心的话语和一些贴心的行为,来融化家长心中的不安,取得家长的信任。班主任要尽快熟悉班里的学生情况,包括学生的性格、学习情况、理解能力、行为习惯、自理能力等。当家长问起开学初学生的在校表现,班主任能准确说出学生的一两点表现,家长会觉得班主任关注到自己的孩子了,会对班主任增加信任感。

(二)换位思考是家校沟通的支柱

换位思考是彼此尊重,是家校沟通的支柱。教师和家长要互相尊重,互相理解,有时候我们也需要站在家长的角度想问题。当家长来"找事",我们和家长进行沟通时要多换位思考,这样就能使双方情感接触,心灵碰撞。面对发生的事情,先想一想:"如果这个学生是我的孩子,我会怎么样?"班主任应该理解家长爱子心切的心情,俗话说"天下父母心",在沟通中和家长"共情",沟通也会变得更加真诚、顺畅,增强家长和教师之间的认同感。

(三)关爱学生是家校沟通的关键

没有爱就没有教育,学生是教师和家长之间的纽带,真心关爱每一个学生,让学生和家长感受到那一份爱。在教育学生的问题上,虽然教师和家长所扮演的角色不同,但心是相同的,都希望学生健康成长,这也使得双方的合作拥有了坚实的基础。与学生家长沟通要诚心诚意,只有用一颗真诚的心才能打动家长,家长感受到教师对学生的爱,才能愉快地与教师合作,从而提高家校共育水平。

二、具体案例分享

(一)校园迷路

新的学年,我接手的班级是一年级的小可爱们。他们有着稚嫩的脸庞、萌萌的眼神，努力地适应着一年级的生活。开学第三周，各种校队陆续开始训练。有一件大事情发生在我们一年级学生身上。我晚上查看钉钉信息，发现了一位家长给我的留言："胡老师，弟弟今天第一天训练，他从体育馆出来时天黑了，他迷路了，是保安巡逻的时候发现的。"我立马给家长打电话，询问学生的情况，了解事情的原委，让家长先安抚学生的情绪，让学生不要害怕。第二天一早，我就在教室等学生。看到他，我立马给他一个大大的拥抱，表扬他昨天的勇敢行为，称赞他天黑迷路了还能够找保安叔叔帮忙，这点做得非常棒。起初他有点不好意思，但慢慢地，他的情绪得到了缓解，还和我分享了昨天迷路的经过，并表示要带我去看看他是从哪里开始迷路的。中午，我带着他走了游泳馆到校门口的路，并告诉他可以用找到标志物记路线的方法，顺利走到大厅。我陪着他走一次，又让他单独尝试走一次，让他对校园这条路有了一定的了解。在这个过程中，我不断夸奖学生很勇敢、很会观察、方向感很好，学生的心情也很愉悦，对认识路线充满了信心。在学生大胆尝试两次后，也顺利地记住了路线。

（二）校车风波

开学第一周，我接到一位家长电话，她一上来就问："胡老师，你有你们学校校车负责人的电话吗？我要投诉校车。"我一听，心里顿时一惊！我连忙询问家长情况。家长反馈，放学后校车提前到达了接送点，电话都不打一个，就直接把学生放在了马路边，两边都是来来往往的车子，这样放下学生非常不安全，是很不负责任的表现，她要投诉校车。从家长的语气中，我感受到她现在正处于生气中。我很认可她的观点，学生的安全是要放在第一位的，我先肯定了她的说法，然后连忙问家长学生现在在哪里，有没有接到学生。也许是家长感受到了我语气中的担心和对孩子的关心，家长的情绪缓解了一些，说孩子奶奶已经接到了。在沟通中，我向家长表示，肯定会及时向校领导反映这件事情。第二天一早，我再次跟这位家长进行了联系，给她反馈，告知她我当即将这件事情上报了领导，校领导非常重视学生的安全问题，学校一定会加强对校车的管理。接下来的几天，我也跟进了学生乘坐校车的情况，问题得到了解决，家长觉得很放心。

三、结语

　　家校沟通是小学教育中不可或缺的一部分，作为班主任，与家长沟通时要以诚待人，以心换心，及时主动。工作中，班主任要努力提高自己的道德修养和专业水平，架起教师和家长之间的沟通桥梁，让家校共育发挥出最大的效果，使每个学生获得更好的教育和成长。

做会沟通的班主任

曹　婷

摘　要： 随着时代的发展，面对学生成长过程中的许多困境，学校教育已然无法一力解决。因此寻求学校教育与家庭教育的合力势在必行。作为连接学校教育与家庭教育的中间一环，班主任应基于对学生的全面了解、自身专业的能力及特殊的沟通技巧，搭建起家校沟通的桥梁，做一个会沟通的班主任。

关键词： 家校沟通　家庭教育　班主任

苏霍姆林斯基曾说："没有家庭教育的学校教育和没有学校教育的家庭教育，都不可能完成培养人这样一个极其细微而复杂的任务。"随着时代的发展，面对学生成长过程中的许多困境，学校教育已然无法一力解决。因此寻求学校教育与家庭教育的合力势在必行。而班主任是搭建起学校教育与家庭教育之间桥梁的工程师，如何进行有效的家校沟通成了每位班主任的必修课。

一、家校沟通的核心是学生

家校沟通的核心是学生，家校合力的方向也是学生。因此，想要进行有效的家校沟通，充分了解学生是重中之重。

首先，充分了解学生需要以发展的眼光看问题。了解学生并不只是了解学生当下的成绩、人际交往、兴趣爱好等，更多的是要关注其未来的可能性。以学业为例，我所任教的学段为初中学段，初中较小学而言，无论是课程数量、难度还是深度都会有一个大幅度的跨越。所以在六年级段了解学生情况时，只了解成绩是意义不大的，我们需要把关注点更多地放在学习习惯上。一个拥有良好学习习惯、能够合理安排各项课业任务的学生，即便在刚进入初中阶段成绩有所下滑，但未来他的成绩一定会有所上升。相反，一个习惯拖沓、依赖外力进行课业规划的学生，升入高年级段，他的课业一定会面临巨大的压力。所以，在家校沟通中，我们和家长交流学生当下的情况时，更多需要以发展的眼光看问题，及时安抚家长的焦虑情绪或提前预警。

其次，在了解学生的过程中，不应以统一的标准去衡量对比。每一个学生都是独一无二的，他们有着各自不同的发展节奏与方向。所以，我们应该尊重学生的个体差异，发现他们的闪光点，也包容他们的小缺点。在一般认知中，只有学生在学习生活中出现严重问题时，才需要进行家校沟通，但实则不然。家校共育的核心是"共育"，积极践行家校共育，就要牢牢抓住"沟通""共享"两个关键词进行积极探索，形成有效合力，共同推动学生成长与发展。① 从这个角度来看，家校沟通并不只是问题的反馈，更多的是交流与沟通，是给予家庭教育专业性指导与建议。因此，有针对性地对每个学生的情况进行反馈极为重要。不要用一条笔直的标杆去衡量每一个学生，只有了解学生的实际情况和需求，才能在与家长的交流沟通中形成有助于学生发展的合力，进而达到家校沟通的效果。

与此同时，充分了解学生并不意味着只了解学生。每一个学生的背后，是一对父母，是一个家庭。因此，充分了解学生的另一个重要方向就是了解学生的家庭与生活环境。父母是学生的第一任老师，从学生的身上，我们或多或少都能看到一些家长的影子。诚然，我们无法教育家长，但在家校沟通中，我们却可以为学生的行为习惯找到源头，进而影响家长，形成有效合力。

二、家校沟通的过程需要专业

一次有效的家校沟通必然不会是一次停留在微信对话框中的闲聊，虽然氛围轻

① 王传金. 家校共育提升学生综合素质［J］. 中国教育学刊，2023（10）：105.

松却无法直击关键。因此，家校沟通的过程要正式且有规划。

首先，一次有效的家校沟通应该从预约开始。常听到一些班主任抱怨，下班了还要接家长电话，一聊就是一个小时。在心疼这些班主任的同时，我也在思考，这一个小时的性价比如何？工作了一天的大脑是否还能快速地检索出该生近期的表现？该生近期凸显的问题能否恰当地传递给家长？家长想要了解的信息能否一一回应？事实证明，我们很难做到这些。在这一个小时内，家长与班主任之间甚至可能会互相传递一些负能量，引起不必要的争端。古人有云："凡事预则立，不预则废。"若非紧急情况，在正常的家校沟通中，我认为预约一个双方都合适的时间及场合是十分必要的。

其次，家校沟通的内容要有规划。提前预约给了教师与家长一个缓冲期，我们可以利用这段时间提前了解家长的需求并有针对性地进行信息收集，对该生近期表现分类总结，对该生接下来一段时间的学习生活状态进行合理推测，这是有效的家校沟通的前提。但如果家校沟通只停留在问题反馈，那么问题依旧还是问题。因此，在家校沟通中，作为具备专业教育知识及经验的一方，我们有责任也有义务拟出一些可行的解决方案以供家校沟通时讨论。

最后，交流结束并不意味着家校沟通的结束。家校沟通自问题开始，也应当以问题解决作为终结。当然，问题的解决并非一朝一夕，方案的实施也不会有立竿见影的成效。教育是时间的艺术，学生的成长是悄然发生的。所以，在交流后，持续跟进与定期反馈极为重要。我们需要提醒家长关注学生的变化，因为学生持之以恒的努力需要家长与教师的肯定，而学生的成长也能反哺我们充分的正能量，让我们在教育中充满信心。这是一场双向的奔赴。

三、家校沟通的言辞应有技巧

家校沟通是一次依赖语言的交流，我们既需要清晰且准确地传递信息，又需要同时保持和谐融洽的氛围。因此，掌握一定的沟通技巧极为重要。

首先，保持基本的尊重与礼貌是交流的前提。如上文所述，父母是学生的第一任老师，从学生身上，我们或多或少会看到一些家长的影子。所以，我们在家校沟通中会遇到"放大版的学生"。在这样的情况下，保持最基本的尊重与礼貌极为关键，即便在意见不一致的情况下，我们也需保持冷静，避免产生不必要的冲突与矛盾。毕竟家校沟通是为了解决矛盾而进行的，而非创造新的矛盾。

其次，语言表达应当清晰且准确，必要时应辅以具体的例子，避免产生误解与分歧。在担任班主任的这几年间，我也慢慢发现，无论是学生之间，抑或是学生与家长之间，矛盾与分歧往往始于误解。因此，在家校沟通中，清晰且准确的表达极为重要。并非所有的学生问题都需要事无巨细地告知家长，我们需要对问题进行分类总结，找出关键所在后再告知家长，辅以1—2个案例即可。这也有助于家长更好地理解问题，并在后续的方案讨论中，更加明晰自己该如何在家中配合学校进行教育。

再次，在进行家校沟通时，应以鼓励为主，多使用正面反馈。如上文所述，在一般认知里，只有学生在学习生活中出现严重问题时，才需要进行家校沟通。家长来校时本就怀着一颗忐忑的心，如果在家校沟通中我们直接以问题作为开头，家长的心情可想而知。所以，在家校沟通时，我们应对学生近期的表现进行全面的反馈，将其在某一方面取得的进步与成果置于交流的最前面，安抚家长的焦虑情绪。而在进入问题反馈阶段时，我们也应多使用积极的词汇与表达方式，侧重改进方案的提出，缩短对于问题的叙述。只有给予家长信心，家长才有持续的能量在家庭教育中不断鼓励学生，家校合力才会是正向发展的。

最后，保持耐心与同理心，会让家校沟通更加顺畅。很多时候，学生问题并不只显露于校园中。相较于面对教师的那一份敬畏感，面对家长时学生会更展露天性。因此，或许我们向家长反馈的问题，家长已深受其苦良久。所以，许多家校沟通发展到最后，家长会向老师大吐苦水，甚至掩面而泣。对于一些复杂和敏感问题，可能需要反复地深入沟通。在这样的情况下，我们保持足够的耐心与同理心至关重要。家校合力形成的前提是信任，唯有家校双方理解彼此的感受，才能奠定信任的基石，家校沟通才有继续的必要。

四、结语

家校沟通，是当今教育背景下的重要课题，也是推动学生成长的必备助力。作为班主任这样一个教师队伍中的特殊群体，我们与学生之间有着更深的羁绊，也肩负着更重的责任。我们须明白，家校沟通不仅仅是信息的传递，更是心灵的交融与情感的共鸣。做一个会沟通的班主任，学会倾听与理解，尊重与包容。与家长一起用细腻的笔触描绘学生的个性与特点，用真挚的情感表达对学生成长的期盼与祝福，一同陪伴他们走向更广阔的未来。

如何"呵护"孩子的兴趣
——从理论到实践分析

甘俊婷

摘　要: 本文运用质性研究方法,包括观察法、半结构化访谈和案例研究,深入探讨了上海华旭双语学校学生兴趣培养与维护的实践及其面临的挑战。研究结果显示,尽管家长和教师普遍认识到兴趣在学生发展中的重要性,但在实践中常因家长的过度保护和教师在维持兴趣方面的不足而阻碍学生兴趣的自然发展。基于这些发现,本文强调了兴趣培养需要家庭、学校及社会的共同支持,推荐采取更加灵活开放的教育态度,提倡家校之间的有效沟通与协作,并呼吁持续研究与实践探索,以促进学生的全面发展。

关键词: 学生兴趣培养　家长教师协作　教育实践　挑战与支持

一、引言

随着社会的进步和教育观念的革新,家庭与社会对学生教育的期望已不仅仅局限于学习成绩,而是扩展至学生兴趣的探索、人格的塑造以及创新能力的培养。在这种新时代背景下,如何有效地"呵护"并促进学生的兴趣发展,成为教师和家长面临的重要课题。

然而,现实情况中,学生兴趣的培养往往面临诸多挑战和误解。不少家长在日常生活中因过度担忧学生可能因学习压力而对某些领域失去兴趣,而选择过度保护，尝试规避任何可能引起学生不适的学习内容。例如，当学生对传统的书写性质的家庭作业表现出抗拒时，一些家长可能会让学生中止完成，以防学生对学习产生反感。同样，家长为学生报名参加的众多兴趣班，往往因缺乏坚持而成为短暂的尝试，最终未能转化为持久的兴趣或技能。

这种对兴趣的误解和不当的呵护方式，实际上可能限制了学生自我探索的空间和成长的可能性。兴趣，并非一朵需要在温室中精心呵护的脆弱之花，而是一种学生成长中的自然而然的驱动力。真正的兴趣，应当能够经受住时间的考验，并在挑战和困难中得到锤炼和成长。

基于此，本文旨在深入探讨如何在家庭和学校环境中合理引导和支持学生的兴趣发展，以及如何通过正确的方式来"呵护"学生的兴趣，使之成为推动学生持续成长和学习的强大力量。本文将分析当前家长和教师在学生兴趣培养方面存在的主要问题和误区，并结合教育心理学理论，提出有效的策略和建议，以促进学生兴趣的健康发展和持久维持。

本文期望为家长、教师以及政策制定者提供实用的指导和建议，帮助他们更好地理解学生兴趣的本质，从而在实践中更有效地支持和促进学生的兴趣培养，最终实现学生全面发展的教育目标。在此过程中，本文也将探讨兴趣如何与学生的自我认知、学习动机以及社会适应能力等多方面因素相互作用，进而深化我们对学生发展复杂性的理解。

二、文献综述

近年来，教育心理学领域对学生兴趣的研究日益增多，学者开始更加深入地探索兴趣在学生发展中的角色和机制。苏珊娜·海蒂（Suzanne Hidi）和 K. 安伦·宁格（K. Ann Renninger）提出的四阶段兴趣发展模型，为理解学生兴趣的演变提供了一个框架。该模型将兴趣发展分为触发的情境兴趣、维持的情境兴趣、新兴的个人兴趣以及成熟的个人兴趣四个阶段。[①] 这一理论强调了环境因素对学生兴趣发展

---

① Hidi, S., & Renninger, K. A. The four-phase model of interest development [J]. *Educational Psychologist*, 2006, 41(2), 111–127.

的影响，指出兴趣不是孤立发生的，而是在特定的社会和文化背景下，通过个体与环境的相互作用逐渐形成和演化的。

安德烈亚斯·克拉普（Andreas Krapp）在其研究中进一步强调了兴趣与动机之间的联系，并探讨了如何通过教育实践促进兴趣的发展。克拉普指出，个人兴趣不仅能够增强学习动机，还能提高学习效率和深度。此外，他还强调了设置适当的教育目标和提供正向反馈的重要性，认为这些因素对于维护和增强学生的兴趣至关重要。①

理查德·瑞安（Richard Ryan）和爱德华·德西（Edward Deci）的自我决定理论进一步丰富了对学生兴趣培养的理解。他们提出，满足学生的自主性、能力感和归属感是激发内在动机和兴趣的关键。② 当学生感觉到他们的学习是自主选择的，他们更有可能表现出持续的兴趣和更好的学习成效。这些发现强调了在教育实践中，为学生提供选择权、鼓励探索以及建立支持性社区的重要性。

在具体的教育实践中，家长和教师的角色被证明对学生兴趣的培养和维护至关重要。家长的支持被视为学生发展兴趣的基石，而教师的教学策略和学校环境对于维护和深化这些兴趣同样关键。例如，约翰·哈蒂（John Hattie）的可见学习研究揭示了家长参与和教师期望对学生学习成效的显著影响，强调了积极的家校合作在培养学生兴趣和学习动机中的作用。③

此外，研究还表明，适当的挑战和失败的经历对于学生兴趣的发展同样重要。卡罗尔·德韦克（Carol Dweck）的成长心态理论强调了对失败的正面态度和持续努力的重要性，指出这些因素有助于学生在面对挑战时保持和增强兴趣。④ 这意味着教育者和家长应当鼓励学生面对困难，而不是避免挑战，从而帮助他们建立起面对失败的韧性和从中学习的能力。

---

① Krapp, A. Interest, motivation and learning: An educational-psychological perspective ［J］. *European Journal of Psychology of Education*, 1999, XIV(1), 23–40.

② Ryan, R. M., & Deci, E. L. Self-determination theory and the facilitation of intrinsic motivation, social development, and well-being［J］. *American Psychologist*, 2000, 55(1), 68–78.

③ Hattie, J. *Visible Learning: A synthesis of over 800 meta-analyses relating to achievement* ［M］. NY: Routledge, 2009.

④ Dweck, C. S. *Mindset: The New Psychology of Success* ［M］. NV: Random House, 2006.

总之，已有研究阐明学生兴趣的培养是一个多方面的过程，涉及个体、家庭和教育系统的多重因素。为了有效地培养和维护学生的兴趣，需要家长、教师和整个社会的共同努力，创建一个支持性的环境，同时提供适当的挑战和反馈，从而促进学生的自主学习和持续发展。

三、研究方法

本文采取了质性研究方法，目的在于深入理解上海华旭双语学校家长、教师和学生对学生兴趣培养及维护的认识与实践。质性研究方法能够提供关于人们行为背后的动机、态度以及文化背景的深入见解，特别适用于探索复杂的社会现象和人类行为。[①] 在本文中，通过观察法、半结构化访谈和案例研究等方法，收集了丰富的第一手资料。

（一）数据收集

一是观察法。本文采用了非参与式观察法，观察对象包括课堂教学、家长会以及学校组织的其他与学生兴趣相关的活动。通过观察，研究者能够直接了解教师的教学策略、学生的参与度以及家长的反应和互动方式，这些观察结果为进一步访谈和案例研究提供了重要背景信息。

二是半结构化访谈。本文通过半结构化访谈法收集数据，对象包括教师、家长以及学生。访谈问题设计旨在探索参与者对于学生兴趣培养的理解、遇到的挑战以及采取的策略和方法。

三是案例研究。本文选择具有代表性的个案进行深入分析，包括成功促进学生兴趣发展的案例和面临特定挑战的案例。案例研究使研究者能够详细了解个体情境下学生兴趣的形成、变化和影响因素，从而获得关于学生兴趣培养机制的深刻理解。

---

① Creswell, J. W. *Research Design and Methods in Education*［M］. NY: Sage Publications, 2013.

211

（二）数据分析

收集的数据经过详细编码和分类，使用主题分析法对其进行分析。通过识别、分析和报告模式（主题），研究者能够揭示数据中的关键概念和现象。本文采用 NVivo 等定性分析软件辅助数据管理和分析，以确保分析过程的系统性和准确性。

（三）研究伦理

本文严格遵守研究伦理准则，确保所有参与者的隐私和信息安全。研究前已获得所有参与者的知情同意，保证他们知悉研究目的、方法以及他们的权利，包括随时退出研究的权利。

在整个研究过程中，研究者注重细节观察和全面分析，旨在深入了解各方面对于学生兴趣培养的看法和实际行为。通过综合运用多种质性研究方法，本文力求从不同角度和层面揭示影响学生兴趣培养的因素，为进一步的教育实践和政策制定提供科学、系统的依据和建议。

四、结果与讨论

本文通过对上海华旭双语学校家长、教师和学生的观察、访谈和案例研究，揭示了当前学生兴趣培养与维护过程中存在的主要问题和挑战。

（一）家长的角色与观点

研究结果显示，虽然绝大多数家长强调兴趣在学生全面发展中的重要性，也认同学生需要一定程度的失败和磨炼，但是他们在实际操作中的行为常常与其认知不一致。特别是在学生的学习和兴趣发展过程中，一些家长表现出过度保护的倾向，他们担心学生因面对学习中的困难或挑战而失去兴趣。例如，当学生对某些学科或活动表示不愿意学习或参与时，三分之二的家长倾向于立即停止或更换活动，而非鼓励学生面对和克服困难。此外，部分家长过分强调学业成果和表现，这种以结果为导向的教育观念，不仅限制了学生探索自我兴趣的空间，而且在某种程度上削弱了学生自主学习和解决问题的能力。

（二）教师的教学策略

与此同时，研究也发现，教师在课堂教学中往往缺乏有效激发和维持学生兴趣的策略。虽然许多教师意识到兴趣对于学生学习的重要性，但在实践中，他们往往难以将这一理念转化为有效的教学方法。课堂观察显示，一些教学活动缺乏创新性和参与性，不能充分激发学生的好奇心和探索欲。此外，教师在评价学生时往往更注重结果而非过程，这种做法可能导致学生对学习失去兴趣，尤其是当他们面对挑战或失败时。

（三）构建支持性环境的策略

基于上述发现，本文讨论了如何构建支持学生兴趣发展的家庭环境和学校环境。首先，对于家长而言，重要的是改变对兴趣保护的观念，从过度保护转向适度引导和支持。家长应鼓励学生面对挑战，帮助他们找到克服困难的方法，而不是避免遭遇任何不适。同时，家长需要理解，兴趣的发展是一个动态过程，允许学生尝试不同的活动并从中发现自己的真正兴趣是非常重要的。任何兴趣都不应该理解成"好奇""新鲜度"，对任何知识只有建立在扎实探索、学习、练习、掌握的过程上，才能在理解知识本体的基础上做到真正的、长久的兴趣。遗憾的是，许多家长误将学生对新事物、新知识的好奇和新鲜度当成了兴趣。

对于教师而言，发展有效的教学策略以激发和维持学生兴趣至关重要。这包括设计更具参与性和互动性的课程，以及采用以学生为中心的教学方法，如项目式学习、问题解决与合作学习。此外，教师应重视过程而非仅仅关注结果，通过正向反馈和建设性评价来增强学生的自我效能感和学习动机。

（四）家长与教师之间的有效沟通

此外，本文强调了家长与教师之间有效沟通的重要性。有效的沟通有助于双方建立共同的教育目标和理解，为学生创造一致的支持和鼓励环境。家长和教师应定期交流学生的学习进展、兴趣变化及遇到的挑战，共同探讨并实施促进兴趣发展的策略。例如，家长会和个别家访可以成为双方交流的良好平台，同时，学校可以提供工作坊或培训，帮助家长理解如何在家中支持学生的兴趣培养。

综上，对于学校而言，可以通过修订和优化教育管理政策、优化资源配置、建设积极的学校文化，从而有效地支持教师和家长的工作，为学生创造一个更有支持性和富有成效的学习环境，从而促进学生兴趣的发展和维护。

（五）总结与反思

本文揭示了在上海华旭双语学校中，学生兴趣培养与维护过程中存在的挑战和问题。通过深入分析家长的保护倾向、教师的教学策略以及家校之间的沟通机制，本文提出了一系列有针对性的建议。显然，培养和维护学生的兴趣需要家长、教师以及整个教育系统的共同努力。

五、结论

本文通过对上海华旭双语学校学生兴趣培养的质性研究，深入探讨了学生兴趣培养与维护的实际情况及其面临的挑战。通过对家长、教师和学生的观察、访谈和案例分析，本文发现，尽管兴趣在学生的发展中起着至关重要的作用，但在实际的教育实践中，存在着多方面的问题和误区。特别是家长的过度保护倾向，教师在激发和维持兴趣方面的不足，学校在对师生评估评价方面的设定和校园文化建设严重影响了学生兴趣的自然发展和长期维护。

结合本文的发现，我们可以得出以下几点结论：

首先，兴趣的培养和维护不应被视为学生个人的责任或仅限于学校教育的范畴。相反，这是一个需要家庭、学校以及更广泛社会环境共同参与和支持的过程。家长和教师需要建立合作伙伴关系，共同为学生提供一个鼓励探索、尝试和面对挑战的环境。

其次，教育者和家长需要深入理解兴趣的本质和发展过程。兴趣不仅是学生学习和探索世界的驱动力，也是他们个性发展和自我实现的重要组成部分。因此，支持学生的兴趣发展，意味着支持他们作为独立个体的成长。

再次，家长和教师应采取更加灵活和开放的态度，鼓励学生面对和解决问题，而不是避免挑战或仅仅追求短期成果。通过适当的挑战和支持，学生可以学会如何处理失败，如何从经历中学习，并最终培养出持久的兴趣和不懈的探索精神。

　　此外，有效的沟通和协作机制对于实现家长和教师之间的有效配合至关重要。只有通过持续的沟通，家长和教师才能共享信息，理解学生的需求和兴趣的变化，并共同制订支持策略。

　　学校应该对评估评价方面的设定做出调整，避免结果论导向，注重过程性评价和综合性评价，在兴趣、挫折和成绩之间寻找平衡点，并为此构建从政策支持到校园文化软环境建设等一系列的体系。

　　最后，持续研究和实践探索在学生兴趣培养中具有重要作用。教师、家长以及政策制定者需要不断地学习和适应，以应对不断变化的教育环境和学生的多样化需求。通过不断地努力和创新，我们可以为学生创造一个更加具有支持性和富有成效的学习环境，从而促进他们的全面发展。

　　总之，学生兴趣的培养和维护是一项复杂而重要的任务，它要求家长、教师以及整个社会的共同参与和不懈努力。通过理解兴趣的本质，正确处理兴趣与挑战之间的关系，以及建立一个支持性的成长环境，我们可以更有效地支持学生的个性发展，为他们的未来打下坚实的基础。

助推家园共建，合力促幼儿发展

金传凤

摘　要： 家园共育是幼儿教育的重要组成部分，对促进幼儿身心全面发展有着特殊而重大的作用。家庭和学校的教育方式直接影响到幼儿的行为。作为教育者应当意识到，有效的家园指导以及家园合作是促进幼儿良好发展的助推剂。只有密切配合、相互支持，才能更好地促进幼儿的发展。

关键词： 家园指导　家园共育　途径

牛牛是一个非常活泼好动、机灵可爱的 3 岁小男生，但是最近他在和小伙伴做游戏的过程中经常发生冲突，一不顺心就会说"我打死你"，会故意在教室里"搞破坏"，比如扔玩具，坐在椅子上的时候会把小椅子晃来晃去，故意大喊大叫，满教室奔跑。当教师指出他的问题的时候，他会说："我就是这样的，我妈妈说我很皮，我坐不住，我就喜欢扔玩具。"从对牛牛的观察中我意识到他的行为可能跟家庭教养有关系，于是我及时约谈了牛牛妈妈，跟牛牛妈妈反馈了牛牛在学校的情况。我得知原来牛牛妈妈觉得孩子很好动，所以在家会选择一些相对安静的"学习"活动，比如画画、写字、上线上课等，希望通过这些活动帮助牛牛安静下来，能坐得住，能学到知识。而情况恰恰相反，牛牛妈妈越是让牛牛安静坐下来"学习"，牛牛越是反抗，故意捣蛋，上课的时候到处跑，怎么抓都抓不回来。而且牛牛妈妈也一直强调，"他就是很皮的，他就是坐不住，他就是这样的"，"我打死你"也是出自牛牛妈妈之口。像这样的案例不在少数，家长常常不了解幼儿的年龄特点，比如好动、喜欢模仿；不了解幼儿园阶段幼儿的学习方式是以游戏为主；对幼儿学习内容存在片面认识，觉得幼儿学习内容就是学习知识；不知道如何引导幼儿，喜欢用打骂的方式，等等，由此对幼儿产生不合理期望或者使用不适宜的教育方式，造成幼儿产生一些不良的行为习惯和错误的观念。

家庭是幼儿接受教育的重要场所，家庭教育在促进幼儿健康成长的过程中发挥着至关重要的作用。所以家长除了给幼儿提供一定的物质基础，还要构建和谐的亲子关系，帮助幼儿养成良好的学习习惯、生活习惯等，这样才能促进幼儿健康成长。

家庭教育对幼儿的成长至关重要，而学校尤其是班主任如何对家庭教育进行指导更是学校工作的一个重要方面，也是一种趋势。华旭双语作为一所 IB 认证学校，在 IB 课程框架里也非常强调学习者社区的建设。IBO 学习社区要认识到教育是一种社会努力，在个体和集体的层面上有益于社会所有成员。社区中的每一个人都具有能动性，将自己视为学习社区发展壮大和取得成功的贡献者，并采取行动以带来变化。由此可见，面对不同层次、不同育儿观念的家长，如何共建学习社区帮助家长形成科学的育儿观念，是我们需要共同思考和解决的重要问题，尤其是现在家长不能进入校园，面对面沟通的机会少了，创新家园共建途径也是值得思考的。

一、加强宣传，科学育儿

其实，我们常常面临家长对于幼儿园"只'玩'不'学'"的质疑。很多家长认为，在幼儿园里幼儿应该学拼音、数字、汉字，做好幼小衔接准备。我们很想让家长知道，游戏才是幼儿最重要的学习方式，幼儿在游戏中可以获得全方位的发展。

以往家长会上我们都会将内容聚焦在学校安排、班级安排、课程安排等方面，而我觉得新学期家长会是一条非常好的家园指导途径。利用新学期家长会帮助家长了解当前幼儿年龄段的特点、典型的行为表现、幼儿的学习方式等，帮助家长建立科学的育儿观念和合理的期望，才能帮助家长更好地解读幼儿、理解幼儿、要求幼儿，也才能更好地支持班级教师共同开展班级工作，在会议结束后及时将相关文件分享给家长，比如《3～6岁儿童学习与发展指南》等。

二、日常渗透，积少成多

我利用每日博客、家园共育栏、钉钉、一对一约谈等途径及时向家长传递家园共建信息、近阶段幼儿发展需要注意的事项。比如，在日常生活中，家长很少注意幼儿单脚跳的动作发展，于是我设计一些有针对性的游戏并通过博客及时分享给家长，鼓励家长有质量地陪伴幼儿。对于个别有能力差异的幼儿，我会指导家长尊重幼儿的个性差异，不要急于求成，要多给予鼓励和练习。长此以往，家长越来越了解幼儿，并知道如何陪伴幼儿。再比如，我们课程中的IB学习者培养目标对于家长来说会比较抽象，于是我将IB十大目标链接幼儿的一日活动，帮助家长逐渐认识到原来IB培养目标是在日常生活中一点点积累和渗透的，它时时刻刻发生在我们的身边，只要做个有心人，生活处处充满教育。另外，我们还会利用各种亲子活动，如阅读周活动、亲子秋游等活动搭建亲子交流的平台，更好地促进亲子交往，提升陪伴质量。

三、将心比心，助力成长

对于家长来说幼儿就是最重要的。在日常生活中，我们要将心比心，及时观察、捕捉发现幼儿生活中的小细节、小问题。比如案例中牛牛的行为，我们及时和家长沟通，一起寻找解决的办法，站在幼儿更好成长的角度，家长能感受到班主任的用心和专业。我及时和牛牛家长调整了教育方式，一段时间以后，牛牛的口头禅消失了，行为习惯也有很大改变。再比如，我发现幼儿早上来园时拿了一个细小的珠子、头上的饰品有尖锐的材料、手上有小划痕或者衣服穿得多少等问题时能立即反馈给家长，相信家长一定感动于教师的细心，感觉幼儿在园是很放心的，也一定会更加支持班主任的日常工作。

在家庭教育与幼儿园教育的衔接过程中，沟通是非常关键的环节。通过家园沟通，家长可以了解幼儿在园内的自理、交往、语言、认知等能力的发展状况，有针对性地进行家庭教育，促进幼儿在家、园两个环境中不断发展和顺利过渡。同时，家里的习惯、观念、教育方式也会影响幼儿学习、生活、健康发展等方面，幼儿园在了解幼儿的家庭情况后，再结合幼儿在园内的实际表现，全面、准确地实施教育。这使得幼儿在家庭、园内所受教育得到衔接，有助于促进幼儿身心健康的综合发展。

四、尊重家长知情权，发挥家园合力

每学期初学校都会发布校历，活动内容一目了然。但是有的家长可能会因各种原因忘记，如果我们班主任能够做个有心人，将校历按照时间轴进行梳理并及时发布和提醒家长，鼓励家长共同参与，相信家园合力会带给幼儿不同的收获。家长的参与也会让班主任的工作更加轻松，思维更加开阔。比如，利用家长的不同职业优势邀请家长走进课堂，拓展幼儿的认知经验。再比如，家长参与校园守护活动，充分调动了家长的积极性，让家长感受到助人的快乐，同时也给幼儿树立了良好的榜样。

五、发挥班级家委、园委的桥梁作用

班级家委、园委是学校和家长、教师和家长之间的纽带和桥梁，发挥着重要的作用，可以促进学校和家庭之间的沟通交流。当家长有需求可能不太愿意直接和教师沟通时，我们可以鼓励家委、园委及时收集了解家长的需求并及时和班主任沟通，共同解决问题，避免家长将问题留在心里。通过与家长和其他社区成员的合作，我们也能更好地了解幼儿的需求和家庭情况，制订更加贴近学生实际情况的教育方案和活动安排。同时，家委、园委也能够向学校提供宝贵的意见和建议，帮助学校更好地服务幼儿和家庭。这种合作模式不仅能够提高教育教学质量，还能够增进学校和社区之间的互信和友谊。

通过建立共享平台，还可以让家委、园委及其他社区成员之间进行广泛而深入的交流，分享经验和资源，共同探讨解决问题的方法，促进彼此之间的互学共进。这样不仅可以提高各个成员的工作效率和能力，还可以增进大家之间的友谊和信任，形成紧密的社区网络。

　　总之，新时代的家长对教育越来越重视，也越来越期望参与学校教育，推进家园共建是作为新时代教师不可推卸的责任，也是我们的义务所在。今后我们更要以勇于尝试和创新的精神，开拓家园共建的新路径，推进家园共建，合力促进幼儿更好地发展。

后 记

在这个静谧而深邃的夜晚，当我轻轻合上《于无声处——教育全在细节中》的最后一页，心中涌动的不仅仅是完成一部作品的释然，更多的是对那些在无声处默默耕耘、用细节编织教育梦想的同仁的无尽感激。这本书，不仅仅是一系列文字的堆砌，它是无数教育者与思考者实践的沉淀和智慧的结晶，是爱与责任的传递，更是对"爱的教育"的深刻诠释。

首先，我要向本书的领航者龚德辉校长致以最崇高的敬意。龚校长以其独到的教育视野和不懈的教育情怀，为本书定下了基调，引领我们深入教育的细微之处，挖掘那些看似平凡却意义深远的瞬间。正是她的远见卓识和无私奉献，让这本书有了灵魂，有了方向。

同时，我要感谢本书的作者团队。是他们，在日常的教育工作中勇于尝试，以敏锐的洞察力捕捉到了教育中最易被忽视却又至关重要的细节，用深情的笔触和深刻的思考，将这些平凡中的非凡一一呈现。他们之中，有的集齐了志同道合的伙伴，一起进行课题研究；有的创新教学实践，不断探索和改进；有的凝练了自己多年的教育经验，传递了"爱的教育"精神。他们的坚持与努力，让这本书充满了温度与力量。

我也要向编委团队的每一位成员表示衷心的感谢。他们不辞辛劳，邀稿、催稿，确保了本书编撰的进度。他们负责的态度，是本书能够顺利出版的重要保障。

此外，我要向所有参与本书编辑、校对及设计的朋友致以最诚挚的谢意。正是你们的严谨与细致，确保了书中的每一个字、每一句话都能准确无误地传达出作者的心声。你们的专业与敬业，让这本书在形式与内容上都达到了完美的统一，为读者呈现了一场视觉与心灵的盛宴。

当然，也不能忘记那些在幕后默默支持我们的家人、朋友。是你们的理解与鼓励，让我们能够心无旁骛地投入创作与出版工作；是你们的信任与支持，让这本书得以顺利问世，与更多的读者相遇。

最后，我想说的是，《于无声处——教育全在细节中》的诞生，是集体智慧的结晶，是爱与责任的传递。它不仅仅是对教育细节的探讨与反思，更是对未来教育美好愿景的期许与呼唤。愿这本书能够成为一盏明灯，照亮每一位教育工作者的心灵，引导我们更加关注教育的每一个细节，共同为培养更多有理想、敢担当、能吃苦、肯奋斗的新时代好青年而不懈努力。

再次向所有为这本书付出心血与努力的人们表示最衷心的感谢！让我们携手在教育的道路上继续探索、继续前行，为更多学生的健康成长助力。

徐嘉乐

2024 年 9 月

图书在版编目（CIP）数据

于无声处：教育全在细节中 / 龚德辉主编. 上海：上海教育出版社，2024.9. — ISBN 978-7-5720-2972-1

Ⅰ. G639.2

中国国家版本馆CIP数据核字第20242E34M0号

策划编辑　刘美文
责任编辑　马丽娟　黄梦竹
封面设计　王鸣豪

于无声处：教育全在细节中
龚德辉　主编

出版发行　上海教育出版社有限公司
官　　网　www.seph.com.cn
地　　址　上海市闵行区号景路159弄C座
邮　　编　201101
印　　刷　苏州工业园区美柯乐制版印务有限公司
开　　本　700×1000　1/16　印张 14.75　插页 4
字　　数　246 千字
版　　次　2024年9月第1版
印　　次　2024年9月第1次印刷
书　　号　ISBN 978-7-5720-2972-1/G·2630
定　　价　68.00 元

如发现质量问题，读者可向本社调换　电话：021-64373213